트래블
어게인

다　　시
꿈꾸던
그곳으로

TRAVEL AGAIN

글 · 사진 **이화자**

책구름

트래블
어게인

다   시

꿈 꾸 던

그 곳 으 로

파도를 기다리는 지루함도
파도를 향해 나아가는 용기도
다 사랑할 수 있습니다.
내가 원하는 파도만 만날 수 있다면.

"여행을 많이 하고
자신의 생각과 삶의 형태를 여러 번 바꿔본 사람보다
더 완전한 사람은 없다."
- 알퐁스 드 라마르틴

죽기 전 후회하는 것이 있다면
더 많이 여행하지 못한 것이라고 사람들은 말한다.
내 인생에서 절대 잊지 못할 새벽은 언제였던가.
일출은? 석양은? 눈앞까지 수많은 별이
쏟아지던 밤은 몇 번이나 맞이했던가?
단 한 번 스쳐 갔을 뿐이지만
오랜 그리움으로 남은 얼굴은 몇이나 되는가?

인간이라는 존재가 얼마나 작은지
그동안의 고민이 얼마나 사소한 것이었는지
정신이 번쩍 들게 할 만큼 존재를 압도하던
산맥과 빙하, 오래전 바다였던 곳이 융기해서
만들어졌다는 바위와 사막들은 또 어떠했나.
기원전 4세기부터 있어왔다는 도시에서 만난 신화의 조각들과
아날로그 세상은 얼마나 낯설고도 정겨웠던가.

파스칼 메르시어는《리스본행 야간열차》에서
여행을 하지 못하는 사람들에게
우리가 연민을 느끼는 이유는
"그들은 외적으로 움직이지 못하면서
내적으로도 뻗어나가지 못하기 때문"이라고 말한다.
그들은 자기 자신을 개발할 수 없고,
스스로를 향한 먼 여행을 떠나
지금의 자기가 아닌 누구 또는 무엇이 될 수 있었는지
발견할 가능성을 박탈당한 채
살아가기 때문이라고 말이다.

살면서 문득 예상치 않은 눈물을 쏟은 적이 있다.
슬픈 감정이나 어떤 울컥거림도 없이 맹물인 듯
그저 양 볼을 타고 줄줄 흘러내리던 눈물.
몸과 마음을 정화시켜 주는 물.

이집트 바하리아 사막

인도 바라나시 갠지스강가였다.
차에서 내려 길거리 쓰레기와 오물들을
요리조리 피하며 걸어가는 동안
시체가 썩는 듯 역한 냄새에 손수건으로 코를 막고
길을 막고 있는 소들 사이를 비집어가며
그들이 그토록 신성시한다는 강가에 마침내 닿았을 때,
그 강물은 속을 비춰줄 만큼 맑지도 않고
아름답지도 않음에 실망하고 돌아서는 길.

14

인도 바라나시 갠지스강

살면서 한 번도 보지 못한 낯설고
두려운 광경에 어찌할 바 몰라 했었다.
처음 보는 문둥병자들의 모습과 손을 내민 걸인들,
오렌지색 사리를 두른 얼굴들이
혼란스레 뒤섞인 채 흘러가던 장면은
현실의 것이 아닌 듯 아득했다.
탈출하듯 차로 뛰어 들어와 에어컨이 쌩쌩 나오는
대형버스 맨 앞 칸에 앉았을 때
뭔지 모를 말간 액체가 볼을 타고 한없이 흘러내리고 있었다.
이게 뭐지? 낯선 촉감에 손가락을 얼굴에 가져가 보았다.
그것은 맹물 같은 눈물이었다.

그곳에서 나는
지저분하다든가, 냄새 난다는 정도의 일차원적 감각만 느꼈을 뿐
삶과 죽음의 경계라든가, 종교적 깨달음 같은
심오한 철학적 사유는 할 겨를도 없었기에
그 눈물의 정체를 스스로도 발견하지 못한 채
멍하니 한참을 앉아 있었고,
나와 똑같이 당황했으나 어찌할 바 모르겠다는 표정으로
짐짓 무심한 채 창밖으로 시선을 돌리던 동행인의 기억.
그날은 아직까지도 완전히 이해되지 않은 순간으로 남아 있다.

다른 이의 눈물을 만난 적도 있었다.
요르단의 와디럼 사막 한가운데
붉디붉은 사막에 앉아 눈앞에 펼쳐진 풍경에 넋을 놓고 있을 때,
옆에 앉아 있던 이의 눈에서 소리 없이 흘러내리던 눈물을
목격했다.
한참을 그렇게 맹물을 쏟아낸 그녀는
멋쩍은 듯 툭툭 털고 일어서며 이렇게 말했다.
"신이시여. 이토록 아름다운 장면을 보게 해주셔서 감사합니다."

요르단 와디럼 사막

18

왜 여행을 하느냐는 물음에는 사람 수만큼의
다양한 대답이 가능하겠지만
단 하나만 말하려면 "감동받기 위해서"라고 말하고 싶다.
금방 끝날 것 같았고, 꼭 그래야만 한다고 믿고 싶었던 코로나는
인류에게 3차 대전과도 맞먹는 전쟁을 치르게 했다.
그래도 우리에겐 여전히
다시 꿈꿀 자유가 남아있다고 믿고 싶다.

다시 떠날 자유!
언젠가 그곳에 다시 서게 될 순간,
몸과 마음이 정화되는 눈물을 쏟아낼 '나를 위한 장소'를
만날 수 있는 꿈을 오늘도 꾸어본다.
그곳에서 시간은 멈춘 듯 아득해질 것이며
거대했던 자아는 우주의 먼지처럼 작아질 것이다.
그리하여 모두가 참고 견뎌온 지난 모든 고통과
지루함을 단칼에 무찌르는
'삶의 아름다운 힘'을 만나게 될 것이다.

Travel Again
코로나가 끝나면
당장 날아가고픈 나라는 어디인가요?

나이 타령을 정말 싫어하지만
이 나이쯤 되면 좋아하지 않는 것에 대해선
한마디도 하고 싶지 않아진다.
나를 힘들고 고통스럽게 하는 것들은
가능하면 지우고 비워내고,
오직 내 삶을 아름답고 훈훈하게 해줄 것들로
채워 넣고 싶어지는 것이다.
많은 시간과 노력을 요구하는, 그래서 물리적 정신적으로
총체적 에너지를 쏟아내야 하는
'무언가에 대해 쓰는 일'은 더욱 그러하다.

무언가에 대해 쓴다는 건
그 무언가를 아주 깊이,
아주 많이 사랑하는 일이다.
혼자 알고 있기보다는
누군가와 함께 나누고 싶은 일이며
함께 손뼉 치며 공감하고 싶어 하는 일이다.
그러므로 '무언가에 대해 쓰는 일'은
어쩔 수 없이
가장 극진한 사랑 고백이며 연애편지가 된다.

첫눈에 반한 당신을 조금씩 알아가면서, 보고 듣고 만지면서
당신을 진정 사랑하게 되었다고.
그리하여 오랜 간절함 끝에
다시 당신을 만날 기회가 주어진다면
이번엔 더는 미루지 않고, 망설이지 않고, 당장 달려가
덥석 손을 잡고 마음껏 사랑하겠노라고.

당신과 함께 가보고 싶었던 곳들을 쓰며,
다시 여행할 그날을 꿈꾸어본다.

❮ Contents ❯

살면서 꼭 한 번은 가 보길 추천하는
세계 여행자의 버킷리스트 여행지 17곳

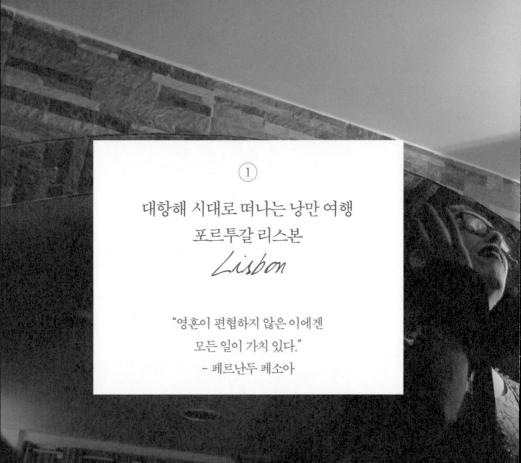

①

대항해 시대로 떠나는 낭만 여행
포르투갈 리스본
Lisbon

"영혼이 편협하지 않은 이에겐
모든 일이 가치 있다."
- 페르난두 페소아

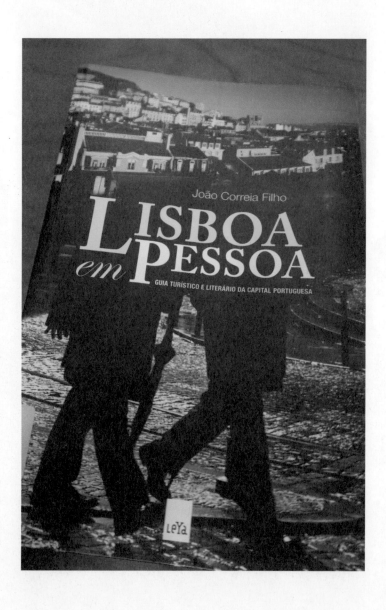

여행의 motive
멀리서 들리는 북소리에 대하여

모든 여행은 동기가 있다. 한 장의 사진, 한 편의 영화, 한 권의 책, 혹
은 작가나 뮤지션, 화가나 건축물도 좋다. 가장 좋은 여행 준비 중 하
나는 자신이 좋아하는 예술가의 자취가 진하게 남은 장소를 고른 뒤
그의 작품세계를 꼼꼼히 음미하며 여행할 곳을 상상해보는 일일 것
이다.

그렇다면 포르투갈에 가기 전엔 누구를 알아야 할까.
노벨상의 작가 주제 사라마구,《불안의 책》의 작가 페르난두 페소아
가 제일 먼저 떠오른다. 대륙의 서쪽 끝 호카곶의 기념비에 "여기 땅
이 끝나고 바다가 시작된다"는 명문을 새겨 넣은 국민 시인 루이스 드
카몽이스는 어떨까. 꼭 포르투갈 사람이 아니어도 된다면《리스본행
야간열차》를 쓴 파스칼 메르시어나, 포르투에 머무는 동안 해리포터
의 영감을 얻었다는 작가 조앤 K. 롤링도 있다.

인생을 결정하는 극적인 순간

"우리가 우리 안에 있는 것들 가운데 아주 작은 부분만을 경험할 수
있다면 나머지는 어떻게 되는 걸까."
-《리스본행 야간열차》, 파르칼 메르시어

파리까지 12시간. 거기서 비행기를 바꿔 타고 다시 리스본까지 2시
간 반. 살던 도시를 떠나 다른 곳으로 갈 때 가장 궁금한 것은 언제나
'돌아올 때의 나'였다.

늦은 밤 도착한 리스본은 차가웠다. 세비아에서 왔다는 여인과 공항
에서 택시를 기다리며 리스본의 추위에 대해 이야기했다. 그는 지금
그라나다도 영하의 날씨라며, 전 세계가 이상 기온이라고 호들갑을
떨었다. 알파마의 숙소로 가는 택시 안에서 내다본 리스본은 어둠이
내려 인적조차 뜸했고, 꾸미지 않은 벽에선 '낡은 도시'의 냄새가 풍
겼다.

생각해보면 어떤 곳을 방문하기 딱 좋은 날씨에 딱 맞는 상황, 딱 좋
은 사람이 있던 경우란 단 한 번도 없었다. 오직 나를 북돋운 건 단 하
나! "갈까? 가자!" 두 단어였다. 맹목적 의지라 불려도 무방할 감정이
지만, 내겐 떠나기로 마음먹은 이상 그 어떤 이유로도 막을 수 없는 확
고함이나 다름없었다. 이쯤 되면 "여행에 미쳤다"는 표현도 과한 것
만은 아니란 생각이 든다.

같은 책에서 파스칼도 말하지 않았던가. "사실 인생을 결정하는 극적
인 순간은 종종 놀라울 정도로 사소하다. 엄청난 영향을 끼치고 삶에
새로운 빛을 비추는 일은 조용히 일어난다"라고.

폰토피날

디테일이 살아있는 도시

밟고 다니는 것조차 아름다운 도시. 고개를 들면 아줄레주, 붉은 지붕, 파란 하늘이 펼쳐지는 곳. 1755년 대지진을 비롯한 수많은 재앙에도 불구하고 리스본 사람들은 오늘도 평온한 얼굴로 하루하루를 살아간다.

유럽의 서쪽 끝, 스페인 옆에 붙어 있는 이 작은 나라는 화려한 스페인에 왔다가 잠시 스쳐 지나가거나 건너 뛰기 일쑤이다. 나 역시 오래전 스포모(스페인, 포르투갈, 모로코)라 불리는 패키지여행에서 며칠 경유했을 뿐이었다. 그러다 어느새 부터인가 "꼭 너만 다시 만나러 갈 테야"인 나라로 되어갔다.

불씨에 휘발유를 들이 부은 것은 책, 영화, 음식 다큐멘터리였다.

파스칼 메르시어가 쓴 소설 《리스본행 야간열차》가 영화로 나왔다. 보통 책으로 먼저 읽고 영화로 봤을 때 실망했던 경험을 뒤엎었다. 매 장면마다 등장하는 리스본의 골목 풍경은 그대로 빨려 들어가고 싶을 만큼 강렬했다. 줄거리도 흥미로웠다.

독일 김나지움에서 고전 문헌학을 가르치는 교사 그레고리우스(제레미 아이언스)는 우연히 다리 난간에서 추락하려는 한 여자아이의 자살을 막아주게 되고, 그녀가 갖고 있던 한 권의 일기장을 통해 걷잡을 수 없는 감정에 휩쓸린다. 하던 수업마저 뿌리치고 일정도, 기한도 정하지 않은 채 혁명가 프라두(잭 휴스턴)의 삶을 쫓아 평생 처음으로 충동적 여행을 감행한다. 밤기차를 달려 이곳저곳을 헤매며 만난 매혹적인 골목들은 포르투갈로의 여행을 부추겼다.

그러나 결행이 하루 이틀 미뤄지고 있던 어느 날, 여행과 음식을 다룬 넷플릭스 다큐멘터리 〈필이 좋은 여행, 한입만!-리스본 편〉을 만났다. 필은 리스본을 한마디로 '디테일이 살아있는 도시'라고 말했다. 화면 가득 펼쳐지는, 파도치는 바닷가 절벽에 위치한 폰토피날(Ponto Final) 레스토랑은 나에게 바로 지금 당장 저기로! 라고 마음속에 격렬한 파도를 불러 일으켰다.

항공권 티켓팅을 마치고 나니 마치 그레고리우스가 기차에 올라 탄 심정과도 같을 거란 생각이 들었다. 그렇게 포르투갈로 향하는 비행기에 올랐다.

무수한 상흔이 남은 인고의 도시

"무수한 상흔이 남았으나 내가 만든 전설대로
살았다는 것이 자랑스러운 도시"

에릭 오르세나의 《오래 오래》에 나오는 말이다. 역사적으로 인고의
도시, 문화적 디테일이 살아있는 도시 리스본을 이보다 더 잘 표현한
말이 있을까 싶다. 남한 정도 크기에 천만 명이 사는 작은 나라지만
한때 지금 크기의 백배가 넘는 식민지를 거느렸던 대 제국. 유럽 대륙
의 서쪽 끝 변방에 위치한 탓에 큰형 스페인에 막혀 내내 유럽 진출이
어려웠던 포르투갈. 그러나 거기서 포기하지 않고 배를 만들어 '세상
의 끝'이라 여겼던 바다를 향해, 미지의 세계를 향해 용기를 냈다. 태
생적으로 주변 나라들의 부침을 겪을 수밖에 없는 운명이었지만 목
숨을 걸고 유럽 땅을 떠나 마침내 아프리카, 아메리카, 아시아까지 누
볐던 포르투갈은 평평했던 지구를 입체적으로 본 최초의 나라였다.

대지진 전 리스본을 담은 아줄레주. 아줄레주 국립 박물관 소장

바스쿠 다 가마와 엔리케 왕자의 대항해 시대에 세계 최대 제국을 거느렸던 포르투갈
은 서서히 쇠락을 거듭하다가 1755년 리스본 대지진으로 다시 한 번 뼈아픈 재앙을
겪었다. 대항해 시대의 영광이야 익히 들어 알고 있었지만, 대지진과 혁명은 이곳에
와서야 알게 된 지난한 상처였다. 이 비극엔 아이러니가 숨어 있었다. 지진이 일어난
날이 공교롭게도 가톨릭 대축일인 '모든 성인의 날'이었다는 사실이다. 성당 안에 있
던 독실한 신자들이 거의 다 죽고 오히려 밖에 있던 사람들이 살아남으면서 포르투갈
사람들이 신의 존재에 대한 의문을 갖는 계기가 되었다. 다행히 난세의 영웅 폼발 후
작이 나타나 대지진은 종교적 징벌이 아니라 단순한 자연재해일 뿐이라고 국민을 설
득시키고, 빠른 시일에 도시를 재건해낸 일은 많은 것들을 생각하게 해준다. 리스본
대지진 이전의 아름다운 도시 전경은 아줄레주 국립 박물관에 기록으로 남아 있다.

그러나, 이게 끝이 아니다. 리스본 인구의 3분의 1이 희생되고 건물 대부분이 파괴되는 절망을 겪은 이들에게 또 다시 길고 긴 시련이 닥쳐왔다. 1934년부터 무려 40여 년 간에 걸쳐 계속된 살라자르 독재 정권의 출현이었다. 이 시기는 1974년 카네이션 혁명으로 끝을 맺게 된다. 이는《리스본행 야간열차》의 줄거리이기도 하다.

포르투갈 하면 상흔, 낡음, 빈티지 같은 단어들이 연상된다. 마치 20대의 영광을 다 누린 후 곱게 나이가 든, 그 자체로 너무나 자연스럽고 아름다운 사람이 떠오른다. 유럽의 화려한 다른 도시들처럼 꾸미고 성형하지 않고 그대로 두어 더 아름다운 사람. 주름마저 빛나는 사람. 리스본은 영광과 고통의 상처를 온몸에 문신처럼 새기고 사는 사람들과 건물들이 많은 이야기를 담고 있었다. 특히, 겉멋이라고는 없는 소박한 사람들과 인고의 세월을 겪어낸 무표정에서 오는 담담함은 알면 알수록 점점 더 이곳에 빠져들게 했다. 그들에겐 어떤 일에도 일희일비하거나 경망스럽게 들뜨지 않기로 결심한 이들만이 가질 수 있는 '폭풍후의 평온함' 같은 것이 서려있었다.

리스본의 명물 28번 트램을 타고 한껏 낭만에 젖어 있는데 앞에 앉아 있던 연세 지긋한 어르신이 나를 툭툭 치더니 가방을 조심하라 알려주신다. 소매치기도 많지만 조심하라고 일러주는 이도 많은 곳. 리스본이다.

그래피티

아줄레주

보고 듣고 먹을 것이 넘치는
매력적인 항구 리스보아(Lisboa)

포르투갈어로 리스보아는 '매력적인 항구'라는 뜻이다. 아랍 문명이
이베리아 반도에 가져다준 가장 아름다운 흔적인 푸른색 타일 장식
아줄레주와 위트 넘치는 그래피티 벽화들, 아말리아 로드리게스로
대표되는 파두 음악과 에그타르트, 포트 와인, 진자(체리로 만든 전
통주)에 이르기까지, 보고 듣고 먹을 것이 넘치는 리스본은 눈과 귀
와 입을 모두 만족시키는 곳이다. 심지어 밟고 다니는 보도블록(칼사
다 포르투게사)조차 아름답다. 갖가지 색의 석회석을 일일이 손으로
쪼개어 문양을 만든 칼사다 포르투게사는 오랜 시간에 걸쳐 마모되
면서 석양 무렵이면 눈부신 황금빛으로 빛났다.

우리가 흔히 에그타르트라고 부르는 파스텔 드 나타는 무려 200년
이 넘는 역사를 지니고 있다. 옛날 수도원에서 수녀들이 만든 수도원
과자 중 하나가 세계적인 명물이 되었다. 당시 수녀들은 신부의 옷깃
을 하얗고 빳빳하게 세우기 위해 계란 흰자를 사용했다. 남은 노른자
를 잘 쓰는 방법을 연구하다가 나온 것이 파스텔 드 나타이다. 페이
스트리 반죽으로 만든 타르트 셸에 계란 노른자로 만든 커스터드를
채운 포르투갈식 타르트이다. 벨렝 지구에 있는 파스테이스 드 벨렘
(Pasteis de Belem)이 원조 맛집이다. 벨렝 지구의 제로니무스 수도원
과 해양박물관, 벨렝탑 등을 보고 오는 길에 들러 에스프레소 한 잔과
함께 갓 구운 파스텔 드 나타를 한입 베어 무는 순간, 행복이 이런 것
이구나 실감하게 된다.

에그타르트

달고 진한 포트 와인은 대개 스위트 와인으로 만들어진다. 과일 향이 풍부하고 맛이 진해서 디저트 와인으로 사랑받고 있다. 20도 내외로 도수가 높은 것이 특징인데 탄생 배경과 관련이 있다. 백년 전쟁 때 프랑스에 패한 영국은 보르도 지역을 빼앗겼다. 이후 보르도에서 생산되는 와인을 수입하기 어려워지자, 상인들은 적당한 산지를 찾아 런던에서 가까운 포르투갈의 북서 연안으로 모여들었다. 와인을 오크통에 담아 배로 실어 나르자니 시일이 오래 걸렸고, 이송 과정에서 맛이 변질되는 일이 잦았다. 이를 해결하기 위해 와인에 알코올 도수가 높은 브랜디를 섞었는데, 이것이 포트 와인의 시작이었다.

진자

칼사다 포르투게사

와인 생산지인 포르투갈 북부 도오루 지역은 매우 건조하고 여름과 겨울의 기온 차가 큰 곳이다. 이곳에서 포트 와인이 만들어지면 이듬 해 1월에 도오루강을 따라 포르투(포트)시와 마주보고 자리한 빌라 노바 드 가이아로 옮겨져 숙성이 시작된다. 양조와 숙성 장소가 다른 이유는 포도 재배에 적합한 기후와 와인 숙성에 적합한 조건이 다르기 때문이다. 포트 와인은 숙성이 오래될수록 복합적인 견과류의 맛이 난다. 포트 와인은 그해 수확한 포도를 골라 양조한 뒤 20~30년 정도 오크통에서 숙성시킨 빈티지 포트와, 원산지와 생산 연도가 다른 품종을 블렌딩시킨 타우니 포트, 식전 와인으로 쓰이는 화이트 포트 등으로 나뉜다.

포트 와인의 산지 도오루 밸리(Douro Valley)로 떠나는 와이너리 투어를 추천한다. 보트나 크루즈를 타고 유유히 포도밭을 둘러보노라면 이보다 낭만적인 하루도 없을 것이다.

포르투갈의 걷기 좋은 도시들

어느 골목에서 길을 잃든, 얼마나 오랜 시간을 헤매든 오히려 길을 잃길 잘했다고 생각하게 만드는 도시들이 있다. 프랑스 파리, 조지아(그루지아)의 수도 트빌리시, 그리고 여기 포르투갈의 모든 도시가 그랬다. 누군가는 이런 도시를 "헛걸음이란 없는 도시"라고 표현하는데, 포르투갈의 도시들이야말로 어느 골목을 잘못 접어들던 시간 낭비란 없는 도시, 실패란 없는 도시, 할 수만 있다면 걸어서 모든 골목을 누비고 싶어지는 곳이었다.

천년이 넘은 유서 깊은 대학도시 코임브라(Coimbra)

버스에서 잘못 내려 한참을 걸어야 했지만 산토리니처럼 더없이 아름다웠던
아제냐스 두 마르(Azenhas do Mar)

43

여왕의 도시라 불리는 오비두스(Óbidos)의 아기자기한 골목들

레고 블럭을 닮은 성곽의 도시 신트라(Sintra)

세상의 끝이라 여겼던 호카곶(Cabo da Roca)

46

항구의 낭만이 흐르는 카스카이스(Cascais)

반달 모양의 긴 해안과 높은 파도로 서퍼들에게 유명한 항구도시 나자레(Nazaré)

은총의 빛이 가득했던 바탈랴 수도원(Monastery of Batalha)

가톨릭 제1의 성지 파티마(Fatima)

28번 트램과 아센소르, 툭툭과 페리

일곱 개의 언덕으로 이루어진 리스본을 구석구석 걸어서 탐험하는 즐거움은 무엇과도 바꿀 수 없지만 노란색 28번 트램과 높은 곳을 직선으로 올라가는 아센소르(푸니쿨라)를 타보지 않고서는 이곳을 제대로 여행했다 할 수 없다.

28번 트램은 마치 콧대 높은 여인과도 같다. 목을 한껏 길게 늘인 채 한참을 안달하며 기다리게 하고, 인내심 없는 사람들은 돌아서게 만든다. 그럼에도 마침내 북적이는 트램에 올라 얼굴과 얼굴이 닿을 듯 반대편에서 오는 트램과 아슬아슬 비켜 지나갈 때의 스릴은 이곳이 아니면 경험하기 힘든 추억이다. 리스본에서 가장 높은 상 조르제 성에 올라갔다가 내려오는 길. 대서양과 맞닿은 테주강 *과 알파마 지구 전체를 내려다볼 수 있는 포르타스 두 솔 전망대에서 해물밥에 포트 와인을 곁들여 점심을 먹었다.

골목골목 걷는 재미로 가득한 알파마 지구는 아치와 계단, 목재로 된 발코니, 서민들의 소박한 삶의 모습 하나하나가 옛 모습을 그대로 간직하고 있어 과거로의 시간 여행을 선물해준다.

골목길 한쪽에서 생선을 굽는 이들도 있었다. 정어리, 샤르디냐이다. 대구와 함께 가장 많이 먹는 생선이다. 정어리 통조림 포장에 초콜릿을 넣어 기념품으로 팔기도 한다. 그런데 왜 집안이 아니라 골목에 나와서 생선을 굽는 걸까? 건축 구조상 내부의 연기가 밖으로 잘 빠져나가지 않기 때문이라고 한다.

생선 냄새에 배가 고프다는 표정을 짓자, 생선 뒤집던 집게를 내밀며 나보고 한입 먹어보란다. 정말? 이럴 땐 또 절대 사양하면 안 된다. 그렇게 한입 집어넣은 생선살은 입에서 사르르 녹아버릴 만큼 맛있다. 그 표정을 눈치 챈 건지 자꾸만 더 먹으라고 권했다. 바로 옆 2층 창가에선 아낙네가 창문을 열고 파두 가락을 뽑아냈다. 소박하고 인심 좋은 사람들 덕분에 여행자의 마음은 한없이 푸근하고 낭만적으로 되어갔다.

52

28번 트램

● 스페인에서 '타호강', 포르투갈에서는 '테주강'으로 불린다. 1000킬로미터에 이르는 긴 강으로 좁은 골짜기를 흐르던 강물이 리스본을 지나며 거대한 바다처럼 넓어진다.

벨렝탑

도시 전체가 살아있는 박물관
제로니무스 수도원, 내셔널 판테온, 테주강

대항해 시대의 영광이 남은 벨렝탑과 제로니무스 수도원, 해양박물관이 있는 벨렝 지구와 아말리아 로드리게스의 무덤이 있는 내셔널 판테온(산타 엥그라시아 성당)은 결코 빼 놓아선 안 될 명소이다. 산타 엥그라시아 성당은 이상하리만치 가이드북이나 안내 책자에 잘 안 나왔다. 다소 외진 곳에 위치한 탓인지는 모르겠으나, 알려지지 않은 것에 비해 인상이 깊게 남은 곳이었다. 이곳은 1684년 착공해서 무려 300년에 걸쳐 지어졌다. 일이 끝나지 않고 질질 늘어질 때 포르투갈 사람들은 "으이그~ 이 산타 엥그라시아 같으니" 라고 말한다는 일화가 있을 정도로 오랜 정성을 들여 지어졌다. 긴 시간을 들인 만큼 아름다움이 남달랐다.

이곳엔 바스코 다 가마와 아말리아 로드리게스의 무덤이 있다. 바스코 다 가마의 무덤은 회랑 한가운데 자리 잡고 있으며, 파두의 여왕 아말리아 로드리게스의 무덤 앞엔 언제나 아름다운 꽃이 놓여 있다. 웅장한 돔으로 된 내셔널 판테온에 들어서니 아말리아 로드리게스의 파두 가락 〈어두운 숙명〉이 높은 천장 가득히 울려 퍼졌다. 가슴 저 깊고 깊은 밑바닥까지 닿은 듯 울컥해졌다.

포르투갈 사람들은 수수하다. 검은색 가죽 점퍼나 코트에 추리닝 차림이 흔하다. 그러나 건축과 아줄레주, 그래피티에 이르기까지 그 아름다움은 가히 세계 최고이다. 그들의 미적 감각이 여기로 다 모아진 것만 같다.

제로니무스 수도원

바다를 향한 그리움의 노래, 파두

포르투갈을 상징하는 '3F'가 파두, 풋볼, 파티마라고 할 정도로 파두 공연 관람은 포르투갈 여행의 필수다. 알파마 지역의 좁은 골목길은 밤이면 구성진 파두 선율로 가득 찬다. 노란 조명을 밝힌 거리를 이리저리 쏘다니다가 마음이 끌리는 파두 하우스에 들어가 포트 와인에 현지 음식을 먹으며 다닥다닥 붙어 앉아 듣는 파두는, 가사 내용을 잘 모르는 이방인의 가슴마저도 깊은 곳을 후벼 파는 듯 애절하고 구슬프다.

파두의 정서는 '사우다드(Saudade)', 격심한 그리움, 향수 혹은 한이라는 뜻이다. 기타 연주로 시작해서 여자, 남자가 번갈아가며 노래하다가 격정적으로 끝났다. 긴 박수가 여운을 남기며 골목을 채웠다.

파두는 운명, 숙명을 뜻하는 라틴어 파튬(Fatum)에서 유래되었다고 전해진다. 포르투갈 전통 리듬에 아랍과 아프리카, 브라질 음악이 뒤섞여 오묘한 감정을 불러일으킨다. 바다로 떠났다가 돌아오지 못하는 연인을 그리며 부르는 노래가 파두의 시초라는데 그 때문일까. 검은 색깔의 옷을 입고 사연 많은 표정으로 관객들 사이를 오가며 부르는 여인의 표정이 한없이 애달프다. 이베리아 반도 끝자락에 드리운 운명에 대한 노래를 듣고 있노라면 비로소 아~ 내가 진정 리스본에 있구나, 하는 감정에 벅차오른다.

국민 시인 페르난두 페소아

페소아가 즐겨 다니던 리스본의 카페에는 그의 흔적이 남겨져 있고, 그의 캐릭터인 모자와 안경으로 만든 굿즈를 기념품 가게에서 쉽게 만날 수 있다. 대표적인 카페는 두 군데로 카몽이스 광장 옆에 있는 카페 브라질레이라(Cafe Brasileira)와 코메르시우 광장에 있는 마티노 다 알카다(Martino da Arcada)가 있다. 카페 브라질레이라는 광장 한가운데 자리 잡고 있어 웬만큼 운이 좋지 않고서는 자리를 얻기가 어려울 정도로 늘 북적인다. 반면 코메르시우 광장에 있는 마티노 다 알카다는 이른 아침 문 여는 시간에 맞춰 가면 제법 여유롭게 시간을 보낼 수 있다. 곳곳에 진열된 그의 사진과 책들과 인사하며 비카(Bica, 에스프레소) 한 잔을 사이에 두고 내밀한 이야기를 나누어 본다. "읽는다는 것은 낯선 이의 손을 잡고 꿈꾸는 일"이라 말한 그의 말이 이해가 되는 시간이었다.

그가 태어난 곳을 박물관으로 꾸민 페소아의 집도 들러볼 만하다. 한국어로 번역된 책으로는 《불안의 책》이 대표적이다. 여행을 가기 전 페소아가 포르투갈 사람인줄은 알고 있었지만 국민 작가라 불릴 정도로 유명하다는 것은 리스본에 가서야 실감했다.
1888년 리스본에서 태어난 페소아는 네 살 때 아버지를 잃고 그 후 남아프리카공화국 주재 포르투갈 영사와 재혼한 어머니를 따라 더반으로 이주해 학창시절을 보냈다. 17세에 리스본으로 돌아와 리스본 대학교에 입학하지만 1년도 안되어 학교를 그만두고 영어 번역 일을 하며 생계를 유지한다. 1934년, 포르투갈어로 쓴 첫 시집 《멘사젬(Mensagem, 전언)》을 출간했지만 관심을 끌지 못했고 47세에 간경화로 짧은 생을 마감했다.
알면 알수록 그의 모든 면이 흥미로운데, 그중에서도 무려 70여 개가 넘는 필명을 사용했다는 것이 가장 놀라웠다. 알베르투 카에이루, 리

카페 마티노 다 알카다

카르두 레이스, 알바루 데 캄포스가 대표적이다. 그때그때 작품의 성격에 맞는 이름
으로 활동한 그는 자신의 직업을 번역가 혹은 무역회사 직원이라 말하고 다녔으며,
시인이나 작가는 직업이 아닌 소명이라 여겼다고 한다.

《불안의 책》엔 이런 구절이 나온다.

"우린 모두 여럿. 자기 자신의 과잉. 그러므로 주변을 경멸할 때의 어떤 사람은 주변과 친근한 관계를 맺고 있거나 주변 때문에 괴로워할 때의 그와 동일한 인물이 아니다. 우리 존재라는 넓은 식민지 안에는 다른 방식으로 생각하고 느끼는 다양한 사람들이 있다."

바우알토 지구에 있는 페소아 뮤지엄엔 한국어판 《불안의 책》이 여러 나라말의 번역서들과 나란히 진열되어 있다. 도서관도 있다. 사서가 어느 나라에서 왔냐고 묻더니 친절하게도 한국어로 번역된 페소아의 책들을 있는 대로 찾아서 가져다주었다. 그래봤자 서너 권이지만 한국에선 못 보던 것이라 닳고 닳은 책들이 반갑기만 했다. 그 공간에 앉아 미처 몰랐던 페소아의 시를 읽는 시간이 참 좋았다. 카페에서 마신 에스프레소, 비카도!

나는 야망도 희망도 없다.

시인이 된다는 것은 나의 야망이 아닌

단지 홀로 있기 위한 나만의 방법일 뿐

왜 피아노가 필요한가?

자연을 사랑할 줄 아는

귀를 가지는 것이 훨씬 나을 것을

- 《양치기 목동》 중에서

그는 아프리카에서 리스본으로 돌아온 뒤로는 계속 리스본에만 콕
박혀 살았던 반여행주의자였던 것으로 전해진다. 아이러니하게도 그
가 무려 100년 전에 썼다는 《페소아의 리스본 (1925)》은 지금도 유용
하다. 그만큼 리스본이 오랜 시간 변함없는 도시라는 방증일 것이다.
국내 여행 책을 쓸 때 가장 불안한 점의 하나가 이 책이 나오고 얼마
되지 않아 이곳이 없어지면 어쩌나 하는 것인데, 리스본은 정말이지
그런 걱정이 필요 없는 곳이었다.

페소아의 집에서 마신 비카

페리를 타고 도시 건너편으로

리스본 시내를 충분히 누볐다면 이번엔 강 건너편으로 가보자. 페리로 20분이면 닿을 수 있는 반대편 알마다 지구의 카실라스에서는 벌거벗은 듯 온 몸을 드러내고 있는 리스본의 전경이 한눈에 들어온다. 페소아가 '포르투갈의 눈물'이라 칭한 테주강은 거친 대서양과 이어져 바다를 좋아하는 이들에겐 더없이 좋은 사색의 장소이다.

영국 사진이론가, 소설가, 다큐 작가인 존 버거(John Berger)는 《여기, 우리가 만나는 곳》에서 몇 개의 유럽 도시에 대해 썼다. 그중 첫 번째가 리스본이었다. 그는 15년 전 돌아가신 엄마, 즉 망자와 함께 하는 식으로 기술했는데 정말이지 망자와의 여행이 이곳만큼 어울리는 곳도 없다는 생각이 들었다. 여기 와보기 전에 읽었을 땐 전혀 감이 잡히지 않던 문장들이 여행의 끝 무렵 다시 읽으니 비로소 완전히 이해되었다.

"나는 페리호를 타고 강 건너편의 카실라스에 갔다. 강 건너에서 리스본을 바라보니 큰 건물들을 모두 알아볼 수 있었고 지도에 표시되어 있는 각 지구들도 쉽게 구분해서 이름을 붙일 수 있었다. 뒤에 있는 구릉들은 바다를 향해 그 경계선까지 도시를 밀어내는 것처럼 보였고 제일 희한했던 건 그렇게 멀찍이 떨어져서 보니 리스본이 벌거벗은 듯이 보인다는 점이었다."

- 《여기, 우리가 만나는 곳》, 존 버거

카실라스에서 본 리스본 전경

마지막 밤,
코메르시우 광장을 울리던 첼로 선율과 포트 와인

리스보아. 매혹적인 항구에서의 마지막 밤. 리스본의 샹젤리제라 불리는 코메르시우 광장에서 특산물 바칼라우(대구)를 먹으며 거리 연주자의 첼로 선율에 빠져들었다.

가로등에 반사되어 완벽하게 금빛으로 빛나던 울퉁불퉁한 돌길, 7개라고는 하나 누구도 정확히 몇 개인지 모를 좁고 구부러진 언덕을 덜컹대며 아슬아슬 올라가던 28번 트램과 그 속에서도 무표정한 듯 평온하기만 하던 포르투기즈들, 도시 전체를 한눈에 보이게 해주는 곳으로 실어 나르던 페리와 근교의 아름다운 곳들로 이어주던 기차들, 고개만 들면 보이는 푸른색 타일 아줄레주와 재치 있는 벽화들, 눈 뜨면서부터 잠자기 전까지 마셔대던 20도의 체리주 진자와 포트 와인, 여행자를 한껏 낭만과 애수에 젖게 하던 파두와 거리의 뮤지션들, 파두에서 현대 음악까지, 버스킹의 도시. 밤을 새워도 다 말하지 못할 그들의 영광의 역사와 인고의 이야기들. 이름보다 더 매혹적이었던 항구, 리스보아.

이토록 사랑스런 도시를 떠나야한다는 생각만으로 급 우울해졌다. 지금껏 내가 사랑한 도시는 샌프란시스코, 더블린, 프라하 등 많다면 많고 적다면 적지만 이제 리스본을 맨 위로 올려두었다. 자세히 볼수록, 가만히 볼수록 매혹적인 리스본. 이 매혹적인 도시를 이길 곳은 찾기 힘들 것 같다.

숙소로 가는 길에 아센소르를 타고 《리스본행 야간열차》의 주인공이 한숨을 돌리던 상 페드루 지 알칸타라 전망대의 벤치에 앉았다. 책 속의 한 구절이 떠올랐다.

"자기 영혼의 떨림을 따르지 않는 자는
불행할 수밖에 없다."

한국에서 리스본으로 가는 직항은 없다. 파리 등 다른 유럽을 경유하여 리스본 포르텔라 데 사카벵 공항에 도착한다. 기차나 트램, 버스 등 대중교통 수단이 잘 갖춰져 있어서 포르투, 코임브라 등 포르투갈 대부분의 도시로의 여행이 손쉬운 편이다. 리스본 시내 코르시우스 광장에서 원데이 트립(Yellow Bus)으로 근교 도시까지 연결된다. 인포메이션 센터(리스보아스토리센터)에서 리스보아 카드/비바 카드 같은 교통카드를 구매하면 유용하다. 식사 시간이 우리 보다 한두 시간 늦다. 평소 식사 패턴대로 가면 줄 서지 않고 느긋하게 먹을 수 있다. (파두 공연은 저녁 8~9시에 시작하며 식사 포함 50유로 정도)

여행 기간은 2~3주 정도는 잡아야 구석구석 여행할 수 있다. 여행 적기는 5~9월이지만 겨울도 크게 춥지 않으므로 연중 여행하기 좋다. 일반적으로 11~4월은 우기로 비가 많이 온다고 되어 있으나, 운이 좋으면 비를 한 번도 만나지 않을 수도 있다. 다만 비수기에는 와이너리 방문 프로그램 같은 것이 제한적일 수 있다.

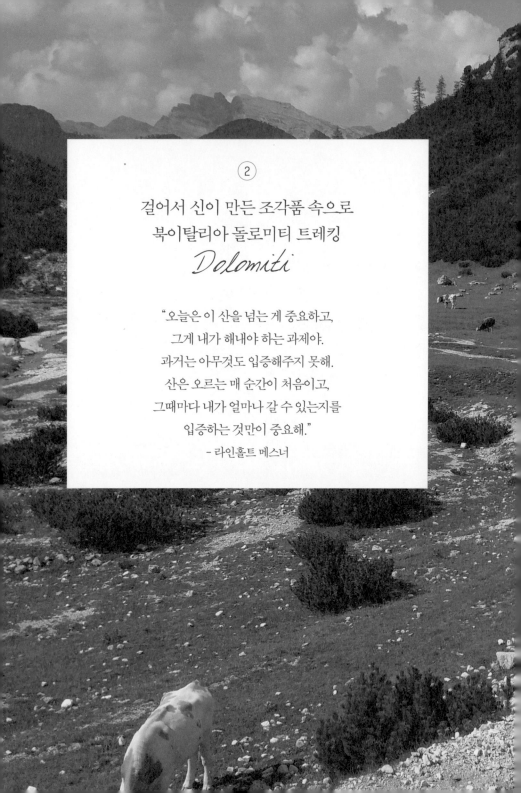

②

걸어서 신이 만든 조각품 속으로
북이탈리아 돌로미티 트레킹
Dolomiti

"오늘은 이 산을 넘는 게 중요하고,
그게 내가 해내야 하는 과제야.
과거는 아무것도 입증해주지 못해.
산은 오르는 매 순간이 처음이고,
그때마다 내가 얼마나 갈 수 있는지를
입증하는 것만이 중요해."

- 라인홀트 메스너

니체가 사랑하고 르코르뷔지에가 극찬한
아름다움

인간이 만든 문명을 보며 지식을 키웠던 시기가 있었다. 언제쯤부터
였을까? 인간이 만든 미술관이나 박물관은 그것이 아무리 대작이라
할지라도 별 감흥이 일어나지 않았다. 대자연 탐험을 시작한 것은 아
마도 그때부터였던 것 같다. 힘든 만큼 더 단단해지고, 땀 흘린 만큼
충전이 되는 여행은 대자연을 직접 발로 밟는 일이었다.
겨울엔 스키 천국으로, 여름엔 트레킹 천국으로 변신하는 알프스의
심장, 북이탈리아 돌로미티 트레킹. 신이 만든 조각품 속을 걸으며 매
순간 아낌없이 기쁨을 느꼈다.

알프스에는 더 높은 봉우리들이 많지만 북이탈리아 알프스 동쪽의
끝자락, 오스트리아와 접경 지대에 솟아오른 돌로미티는 가장 경이
로운 형태를 지녔다. 산들은 믿기지 않을 정도로 가파르고 환상적이
며, 일부 힘든 구간도 있지만 대부분은 가벼운 하이킹족도 충분히 걸
을 수 있을 정도다. 해발 3000미터 이상의 봉우리를 18개나 품고 있고
41개의 빙하가 있는 웅장한 산악 지대로 2009년 유네스코 세계자연
유산에 등재되었다. 기묘한 바위 봉우리들과 에메랄드 빛 빙하 호수,
울창한 숲과 계곡, 산상 화원을 보는 듯 온갖 야생화가 어우러진 이곳
은 알피니스트들의 요람이자 암벽 등반가들의 성지이다.

돌로마이트에서 유래한 '돌로미티'라는 이름은 백운암을 의미한다.
산맥의 대부분이 백운암과 석회암으로 이루어져 있으며, 침식작용과
산사태, 눈사태, 홍수와 같은 자연 현상들이 만든 기이한 형상을 자랑
한다. 바위산 하나하나마다 전설적인 산악인들의 눈물과 땀, 1차 세
계대전 의 아픈 역사까지 품고 있다. 니체는 돌로미티를 두고 "등산
의 기쁨은 정상에 올랐을 때 가장 크다. 그러나 나의 최상의 기쁨은

돌로미티에서도 가장 유명한 바위 트레치메

험악한 산을 기어 올라가는 순간에 있다. 길이 험하면 험할수록 가슴이 뛴다. 인생에서 모든 고난이 자취를 감췄을 때를 생각해보라. 그 이상 삭막한 것이 또 있으랴"라고 했다. 세계적인 건축가 르코르뷔지에 역시 깎아내린 듯한 수직 절벽과 깊은 계곡들이 스펙터클한 자연경관을 선사하는 이곳을 "세계에서 가장 아름다운 자연 건축물"이라고 치하했다.

압도적인 바위와 자갈길이 대부분인 돌로미티에서도 가장 유명한 바위는 트레치메 디 라바레도(Tre Chime di Lavaredo, 2999m), 줄여서 트레치메라 불린다. 돌로미티를 상징하는 세 개의 거대한 봉우리에는 각각의 이름이 붙어 있다. 가장 작은 봉우리는 치마 파콜로(2856m), 가장 큰 봉우리는 치마 그란데(3003m), 동쪽에 있는 봉우리는 치마 오베스트(2972m)이다. 트레치메는 너그럽다. 보통의 산들이 제대로 고생한 자에게만 최고의 풍경을 누릴 수 있는 영광을 준다면, 굳이 7박 8일의 등반을 하지 않더라도 자동차 여행 중 차에서 내려 조금만 걸어가 만날 수 있기 때문이다. 그 덕분에 트레킹 마니아가 아니라도 이곳을 지나가는 많은 여행자들은 하루 정도 시간을 내서 트레치메를 향한 짧은 트레킹을 한다.

트레치메의 세 봉우리

돌로미티를 가기 위해 베네치아로 들어가서, '알타비아 넘버원'의 관문도시 격인 코르티나담페초에서 짐을 풀었다. 아웃도어 매장과 레스토랑이 아기자기 모여 있는 마을이 너무 예뻐서 굳이 어딜 가지 않고 이곳에만 느긋하게 머물러도 행복할 것 같은 생각이 드는 곳이 었다. 아니나 다를까. 이곳은 오드리 헵번이 자주 와서 머물렀던 곳 이자, 헤밍웨이가 집필 활동을 한 곳이라고 한다. 실베스타 스텔론 주연의 산악 영화 〈클리프 행어〉의 촬영지이기도 하다.

돌로미티는 현존하는 최고의 등반가 이탈리아의 산악인 라인홀트 메스너가 태어난 곳이기도 하다. 그는 히말라야산맥의 8000미터 이 상의 봉우리를 의미하는 14좌를 모두 정복한 최초의 산악인으로, 특 히 최고봉인 에베레스트산을 홀로 무산소 등정한 최초의 기록도 갖 고 있다. 다섯 살에 이미 3000미터 급 암봉을 올랐다고 하니 등산에 도 천재가 있는 건가, 하는 생각이 들었다.

75

알타비아 넘버원(Alta Via No.1) 트레킹
어디서나 경쟁하는 우리나라 사람들

돌로미티의 대표적인 트레킹 루트를 '알타비아(Alta Via)'라고 부른다. 영어로 하이 루트(High route), 우리말로는 '높은 길'이라는 뜻이다. 돌로미티에는 90~190킬로미터에 이르는 10개의 알타비아 코스가 있다. 루트 이름은 알타비아 1, 알타비아 2, 알타비아 3 등과 같이 순차적으로 붙여졌다. 북에서 남쪽으로 종단하는 코스가 7개, 동서로 횡단하는 코스가 3개인데 숫자와 난이도는 아무 관계가 없다. 드디어 6박 7일의 알타비아 넘버원 트레킹이 시작되었다.

일정은 다음과 같았다.
day1. 인천-경유지-베니스-코르티나담페초
day2. Auronzo산장(2320m)-트레치메 디 라바레도
day3. 브레이즈 호수Lago di Braies(1494m)-Biella산장
　　　점심-Fodara Vedla산장 숙박
day4. Altopiano di Fanes-Montagnoles산장 숙박
day5. Cime di Fanes(2060m)-Lagazuoi산장 숙박
day6. Cinque Torri-WWI open air Museum-Passo Giau(2236m)
day7. Croda da Lago산장-Mondeval-Malga Federa산장 숙박
day8. 코르티나담페초-베니스

에메랄드 빛의 미수리나(Misurina) 호수는 풍광 좋기로 유명한 캐나다 로키산맥의 레이크 루이즈 저리가라 할 만큼 투명한 아름다움으로 우리를 맞아주었다. 트레킹에 대한 기대도 한껏 부풀었다. 문제는 그 다음, 산을 오르면서 시작되었다. 해발 2~3000미터 대의 고원을 오르내리며 걷는 길은 평지가 많다 해도 난이도가 높은 편이었다. 오르막의 끝엔 전체 트레킹 코스 중 가장 눈부신 트레치메가 기다리고 있었다.

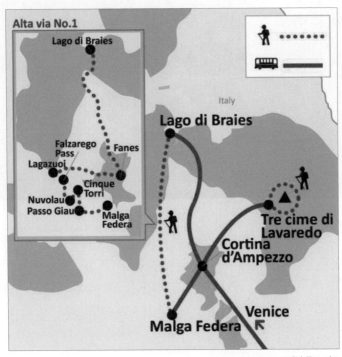

Alta Via No.1 트레킹 루트 지도

느긋하게 풍경을 즐기는 사람들

이곳은 워낙 코스가 복잡하고 많아서 현지 산악 가이드를 동반해야 한다. 가이드의
말에 의하면 오르막을 올라가야 하는 첫날이 가장 힘들다고 했다. 아니나 다를까. 예
상대로 저질 체력인 나는 제동이 걸렸다. 점점 처지다 꼴찌를 하더니 앞사람을 따라
잡기 힘들만큼 간격이 벌어진다 싶을 무렵 현지인 가이드가 겸연쩍은 표정으로 다
가왔다. 이 코스는 천천히 가도 충분한데, 맨 앞에 가는 두 사람이 자꾸만 빨리 가자
고 재촉한다는 것이다. 나보고 빨리 걸어보든지 아니면 차라리 지금 내려가서 그날
밤 묵을 숙소 근처까지 택시를 타고 오는 게 어떻겠느냐고 물었다. 그의 표정이 마치
천천히 주변 풍광을 즐기며 올라도 될 길을 당신네는 왜 그리 속도전 하듯, 체력 자
랑하듯 올라가느냐고 묻는 것만 같았다. 아니, 첫날부터 이런 굴욕이라니. 화도 났지

만 민폐를 끼치고 싶지 않았던 나는 어쩔 수 없이 택시를 타고 숙소로 가겠다고 했다. 숙소에 도착한 시간은 갓 점심때를 넘긴 시간이었다.

가는 곳마다 불평 아니면 자랑으로 일관하던 나이 지긋한 커플은 급기야 세 번째 날, 낡은 산장의 시설을 트집 잡더니 옆에 지은 신규 호텔에서 재워 달라며 고래고래 소리를 지르며 떼를 썼다. 그날 일정에 이미 녹초가 되었던 나는 삐그덕대는 8인실 침대 중 아무거나 골라 몸을 눕힌 뒤라 그저 체념한 채 주변이 고요해지기만을 기다렸다. 한참 시간이 흐른 뒤 갑자기 주변이 조용해졌다. 드디어 그들이 포기하고 받아들인 줄 알았는데, 한 일행이 다가와 놀라운 말을 전해주었다. "언니, 그 사람들 정말 하산했어요" 다들 어이없어하면서도 이제 좀 즐기며 걸을 수 있겠다며 내심 반기는 분위기였다. 예상한 대로 다음 날부터 트레킹은 아주아주 순조롭게 흘러갔다는 이야기다.

79

알고 보니 그들은 첫날 트레치메를 봤고 인증 샷도 찍었겠다, 베네치아로 먼저 가서 쇼핑할 시간을 벌고 싶었던 거였다. 돌로미티 트레치메는 여느 다른 산과는 달리 첫날 고통의 클라이맥스를 선사한 뒤, 그 다음부터는 내내 산장과 산장 사이의 비경을 숨겨놓고 있었다. 남들이 알만한 곳만 찍고, 나머지 일정은 밀어내는 사람들이 그저 놀라웠다. 산행을 한다는 자들이 숙소의 고급스러움을 그렇게 따진다는 것도.

돌로미티에서는 많은 사람들이 동네 산책 나오듯 어린 자녀를 목마 태우고 산에 오르는 모습을 쉽게 볼 수 있었다. 우리들이 앞산에 갈 때 자녀들을 데려가는 것과 같은 모습일진대 그저 스케일이 다른 뿐이리라. 산장지기의 어린 아들이 우리 팀 트레킹 가이드를 만나자마자, 마치 야구나 하러 가자는 말투로 암벽 등반을 가자고 하는걸 보면서 이곳에 살면 나도 만능 스포츠인이 될 수도 있을까 하는 상상을 해보았다.

유럽의 전쟁터이자 1차 세계대전 최대의 격전지

알프스의 커다란 품에 안겨 양과 젖소가 뛰노는 평화로운 이곳은 제 1차 세계대전 때 오스트리아군과 이탈리아군이 치열한 접전을 펼친 곳이었다. 1914년부터 4년 동안 무려 1천만 명이 죽고 2천만 명이 부상을 당하는 상흔을 남겼다. 당시 오스트리아-헝가리 제국은 독일, 이탈리아와 함께 삼국 동맹을 맺고 있었다. 독일과 오스트리아가 전쟁에 휩싸인 상황에서 이탈리아는 중립을 지켰다. 영국이 워낙 강국이었고, 오스트리아-헝가리 제국과는 영토 문제로 사이가 좋지 않았기 때문이다. 이를 알고 있던 영국은 런던 조약을 통해 이탈리아를 회유하기 시작했다. 전쟁에서 승리하면 트렌티노, 트리에스테, 이스트리아 지역을 귀속시켜주겠다고 한 것이다.

결국 이탈리아는 영국, 프랑스 등 연합군에 합류하며 오스트리아군과 대치하게 되었고, 길고 긴 전쟁의 소용돌이 속으로 빠져들게 된다. 전쟁은 연합군의 승리로 끝났다. 약속대로 돌로미티가 포함된 트렌티노와 트리에스테 지역은 이탈리아로 귀속되었다. 그러나 희생이 컸다. 이 전쟁으로 죽은 이탈리아 병사가 무려 37만8000명, 부상자는 94만6000명이나 되었다.

전쟁터의 군인들이 언제 죽을지 모를 두려움 속에 있을 때, 구스타프 말러도 코르티나담페초에서 멀지 않은 도비아코(토블라흐)에 있는 자신의 여름 별장에서 죽음을 생각하고 있었다. 첫 딸은 죽고 자신은 병에 걸렸으며 아내는 청년 건축가를 만나 사랑에 빠졌다. 슬픔에 잠긴 말러는 교향곡 제9번을 쓰며 "오 사랑이여 가버렸구나! 안녕! 안녕!"이라는 글을 썼다. "교향곡은 우주를 담아야 한다"라며 자신이 체험한 모든 자극과 경험을 작품 속에 쏟아 넣으려 했다는 구스타프 말러가 수려한 돌로미티를 바라보며 쓴 이 작품에는 고뇌, 슬픔, 기쁨, 외로움, 환희, 과거, 현재, 미래 등 모든 것이 담겨 있다. 그의 인생의 마지막 고백서인 셈이다. 이곳에서 듣는 말러의 교향곡 9번과 대지의 노래, 미완성으로 끝난 교향곡 10번은 창밖의 드라마틱한 풍광과 절묘하게 어우러지면서 영원히 잊지 못할 감동으로 다가온다.

라가주오이 정상에서 본 일출과 십자가상

돌로미티 다섯 개의 봉우리 앞 전망 최고의 노천카페에서 레몬 소다 한 잔

남쪽에 친퀘테레
북쪽에 친퀘토리

라가주오이 산장(Rifugio Lagauoi)은 트레킹 전 코스 중 가장 고도가 높은 장소(2752m)답게 환상적인 전망을 보여주었다. 토파나(3244m) 암벽과 5개의 봉우리로 이루어진 친퀘토리, 돌로미티 최고봉인 마르몰라다(3342m)를 한눈에 볼 수 있는 곳으로 가히 최고의 뷰를 선사했다.

눈앞의 풍경들에 감탄하며 하룻밤을 보내고, 이른 아침 해돋이를 보기 위해 산장 앞 정상에 갔다. 전쟁터에서 목숨을 잃은 군인들의 영령을 위로하기 위한 십자가가 세워져 있었다. 한참을 그곳에 앉아 떠오르는 태양을 바라보았다. 신자이든 아니든, 성스러운 아침의 기도를 하게 하는 잊을 수 없는 장소였다. 문득 단 하루의 불편을 못 참고 온갖 성질을 부리며 하산하고 말았던 커플이 떠올랐다. 이 일출을 못 보다니~ 오호 통재라! 겨울엔 이곳이 온통 스키장으로 변해서 스키를 타고 산장과 산장을 이동한다지. 그 풍경은 또 얼마나 기가 막힐까.

트레킹 닷새 째에 만난 다섯 개의 봉우리 친퀘토리! 친퀘(cinque)는 숫자 5, 토리(torri)는 탑이란 의미로 5개의 탑이라는 뜻이다. 돌로미티의 다섯 개의 봉우리 앞 전망 최고의 노천카페에서 레몬 소다를 한잔하며 한숨 돌렸다.

돌로미티 트레킹 최고의 기쁨은?
뷰 맛집 산장과 이탈리아 요리!

매일매일 머무는 모든 산장은 압도적으로 아름다웠다. 낮 동안의 수
고가 전혀 아깝지 않았다. 가장 큰 보상 역시 아름다운 산장에서 맛본
내 인생 최고의 이탈리아 풀코스 음식들이었다. 돌로미티는 취사와
야영이 금지되어 있는 대신 아름다운 산장들이 세계적인 시설과 음
식을 제공했다. 돌로미티에서 가장 인기 있는 산장 중 하나인 로카텔
리 산장(Rifugio Locatalli)에서 트레치메를 정면으로 바라보며 맛본
라비올리는 인생 최고의 라비올리로 남았다.

압도적으로 아름다웠던 산장 풍경

난 지금까지 도대체 뭘 먹어 왔던가? 얼굴이 화끈 달아올랐다. 이탈리아 음식이라면 피자, 파스타가 전부인 줄 알았던 나는 다섯 번째의 이탈리아 여행, 알프스 한가운데에서 제대로 된 이탈리아 음식의 진수를 맛보았던 것이다. 배가 불러서 더는 못 먹을 정도의 산해진미를 매일 맛봤으니, 트레킹은 힘이 들었지만 두고두고 잊지 못할 경험이었다. 명색이 트레킹 여행이니 체중 감량에 도움이 좀 될 거라는 희망은 미각을 자극하는 무궁무진한 이탈리아 코스 요리 앞에서 일단 먹고 보자,로 바뀌었다.

환상적인 풍경을 벗 삼아 살면서 한 번도 경험하지 못했던 이탈리아 정찬의 세계를 맛보는 일, 전통주 그라파(Grappa) * 한 잔에 피로를 풀고 밤이면 쏟아지는 별빛 아래 대자연과 하나 되는 일, 모두가 잠든 새벽 알프스 정상에서 고요한 일출을 맞이하는 일. 이것이 바로 알타비아 트레킹의 진수였다.

이탈리아 사람들은 정말 많이 먹는다. 보름 동안 매일 맛본 코스 요리의 순서는 이러하다.

①우선 스프리쪼네(스플리쯔) 같은
식전주로 입맛을 예열한다.

②프리미라는 일종의 전체요리를 먹는다.
주로 덤플링(완자탕), 굴라시, 라비올리,
야채 스프, 마카로니, 파스타 중 선택하는데
양이 메인 디시 수준이다.

③세콘디 피아티. 메인 요리다.
주로 스테이크 종류, 감자 요리,
폴렌타, 스파게티 등이 나왔다.

④디저트로 팬케이크, 브라우니, 푸딩,
젤라토(아이스크림)

⑤식후주로 그라파 같이 향이 좋은 술이나
에스프레소를 마신다.

● 이탈리아의 식후주. '포도송이'라는 뜻의 이탈리아어 Grappolo를 어원으로 '그라파'라 불린다. 그라파가 이색 술로 알려
진 것은 생산 방식과 재료 때문이다. 일반적인 브랜디와는 달리 와인을 만들고 버려진 포도의 껍질과 찌꺼기를 압착한 다
음 증류해서 만든다.

"록키를 품은 몽블랑"

길은 어떤 속도로, 어떤 자세로 다가가는가에 따라 전혀 다른 얼굴을 보여준다. 오롯이 발로 걸어서 맛본 돌로미티는 차로 스윽 지나가면서 바라보는 것으로는 절대 맛볼 수 없는 풍광을 보여주었다. 알타비아 넘버원 6박 7일 동안 산장에서 다음 산장까지 걷는 총 70킬로미터의 여정. 평소 고작 한 두 시간의 산책을 즐기는 정도인 내게 "오지를 그만큼 다녔으니 이정도 코스는 즐기며 충분히 걸을 수 있다"는 여행사 대표님의 추천으로 시작된 도전이었다.

생각해보면 산티아고 순례길도 백두대간 종주도 한적 없는 나로서는 한 번도 이렇게 매일, 이렇게 힘든 길을 걸은 것이 처음이었다. 평평한 구간이나 내리막은 그나마 따라 갈 수 있었지만 오르막이 많은 험난한 구간은 나 혼자 케이블카를 타거나 택시로 이동하여 건너뛰기도 했다. '진짜사나이'를 찍는 것처럼 힘들어서 추천한 사람을 욕하기도 하면서 그렇게 겨우겨우 그러나 세상 어디서도 볼 수 없었던 풍경과 최고의 뷰를 보여준 산장, 처음 맛본 풀코스 이탈리아 음식들은 모든 시련을 보상해주고도 남았다. 히말라야, 록키, 몽블랑, 킬리만자로까지 전 세계 트레킹 코스를 섭렵한 일행 중 한명은 이곳을 "록키를 품은 몽블랑"이라 표현했다.

우리나라에 아직 많이 알려지지 않은 게 이해되지 않을 정도로 환상적이었던 돌로미티. 트레킹 가이드의 말처럼 "시작도 천천히. 끝도 천천히. 같은 리듬으로. 멈추지 말고 느린 걸음으로라도 계속해서 걷는 것"만이 낙오되지 않고 완주하는 길임을. 힘들었던 만큼 '오래 걷는 비법'을 배운 시간이었다.

"Whatever you can do, or dream you can begin it.
Boldness has genius, power, and magic in it."

"어떤 일을 할 수 있든지, 또는 할 수 있다고 생각하든지, 일단 시작하라.
담대함에는 천재성, 힘, 마법이 담겨 있다."

– 괴테

알타비아 넘버원(Alta Via No.1) 표식

Travel Tips

돌로미티 트레킹을 위해서는 보통 이탈리아 베니스에서 시작한다. 거기서 코르티나담페초까지 차로 2시간 반이 소요된다.

사람들은 취향에 따라 자동차 여행으로 와서 대표 구간만 원데이 트레킹을 하기도 하고, 자전거로 지나가기도 하며, 산장과 산장 사이를 가로지르는 일주일 가량의 트레킹에 도전하기도 한다. 트레킹 시기는 6월부터 10월까지가 적당하며 돌로미티의 산장은 대부분 6월 중순부터 9월 중순까지 문을 연다. 7~8월 평균기온은 20도로 걷기에 적당하지만 한국의 산과 달리 나무 그늘이 거의 없고 바위로 된 산을 주로 걷기 때문에 일사병에 유의해야 한다. 이탈리아 전 국민 피서 기간인 7월 마지막 주부터 8월 둘째 주는 피하는 것이 좋다. 산장 숙박이 제한적이라 반드시 미리 예약해야 한다.

* 라가주오이 산장 예약 홈페이지 : www.rifugiolagazuoi.com

지중해의 숨은 보석
몰타
Malta

"인간에게 세계는 헛된 소란으로 가득한
무대 같아 보인다.
그는 오직 그 무대에서 물러나고 싶을 뿐이다."

- 장 그르니에

유럽과 아프리카 사이 에메랄드 빛 천국

'땅'한가운데에 바다가 있다'는 의미를 지닌 지중해. 지중해의 여러 나라 중 몰타를 떠올리는 이는 많지 않을 것이다. 이탈리아와 튀니지의 한가운데에 있는, 유럽 대륙과 아프리카 대륙 사이에서 은은한 라임스톤 빛으로 빛나는 보석 같은 몰타는 노인들을 위한 천국이자 소란한 세상으로부터의 탈출구이다. 에메랄드 빛 바다에 풍덩 빠져 있다가 고개를 들면 부드러운 라임스톤의 세계가 펼쳐진다. 복잡함이라고는 찾아볼 수 없는 미니멀리즘의 미학! 고작 제주도의 6분의 1 정도의 크기, 인구는 45만 명밖에 되지 않지만 수도인 발레타와 대표 섬인 몰타와 고조 섬, 아프리카와 가장 가까운 어촌 마을 마샤슬록까지, 지중해의 진수를 품고 있는 곳이다.

시칠리아 섬에서 100킬로미터 떨어진 바다 한가운데 유유히 떠 있는 아름다운 섬 몰타는 1800년부터 164년 동안이나 영국의 지배를 받다가 1964년에 독립해서 정치·문화적으로 영국의 전통과 시스템이 많이 남아 있다. 영어와 이탈리아어를 공용어로 쓰기 때문에 여행할 때 어려움이 없고, 한국의 어학 연수생들이 많이 찾는 나라이기도 하다. 〈월드워Z〉나 〈왕좌의 게임〉 촬영지로도 유명한 몰타는 시칠리아를 여행하거나 북아프리카 튀니지, 모로코, 알제리 등을 여행할 때 쉬어가는 휴양지로 각광받고 있다.

친절한 사람들

몰타 국민의 96%는 가톨릭 신자라서 어디를 가든 성당을 볼 수 있다. 바다 한가운데 고립되어 있는 탓일까? 국민들은 보수적 성향이 강하며 가족 간 유대가 끈끈해 이혼율도 낮다고 한다. 치안과 위생도 잘되어 있으며, 정직하고 친절한 국민성은 유럽 내에서도 손꼽힌다. 복지도 확실해서 거리에서 구걸하는 사람을 볼 수 없다. 눈만 마주쳐도 반갑게 손을 흔들며, 여유 가득한 미소를 보내오는 노부부가 벤치에 나란히 앉아 해가 지는 쪽을 말없이 바라보는 평화로운 모습은 몰타가 어떤 나라인지를 말해준다. 〈노인을 위한 나라는 없다〉는 제목의 영화가 있지만, 몰타는 이 세상에 노인을 위한 나라도 있으니 한 번 와서 살아보지 않겠냐고 말을 건네는 듯하다.

발레타 골목에서 만난 산타클로스

중세로 떠나는 시간여행
발레타(Valletta)와 임디나(Mdina)

몰타의 수도이자 7천 년의 역사를 지닌 요새 도시 발레타는 세계에서 가장 밀집된 역
사 지구인 동시에 유럽에서 가장 작은 크기의 수도이다. 르네상스 시기에 만들어진
구도심은 옛 모습을 그대로 보존하고 있어 역사 보존의 모범 도시로 꼽히기도 한다.

지중해 외딴 곳에 떨어져 있는 이 조그만 나라는 한없이 평화로워 보이지만 수천 년
동안 페니키아와 그리스, 카르타고와 비잔틴, 로마와 아랍 등 수많은 이민족의 거센
침략과 지배를 받아야 했다. 최근에는 프랑스와 영국, 독일과 터키가 몰타를 거쳐 갔

다. 몰타의 상처를 스스로 치유해온 발레타는 도시 전체가 방어를 목적으로 지어져서 성벽과 보루로 둘러싸인 독특한 모습이다. 성벽 안의 골목골목을 돌아다니다가 작은 구멍으로 난 창을 통해 바다를 보는 느낌이 새로웠다. 도시 전체가 유네스코 세계문화유산으로 지정되어 있다.

'몰타'라는 국가명은 6개 섬 중 대표 섬인 몰타에서 따왔다. 수도 발레타가 있는 가장 큰 섬 몰타와 고조 섬에 모든 것이 집중되어 있고, 나머지 섬엔 사람이 거의 살지 않는다. 발레타는 행정과 비즈니스의 중심지로 언제나 관광객들로 북적인다. 성 요한 대성당과 몰타 기사단장 궁전, 국립고고학박물관이 유명하다. 아름다운 건축물들 사이에선 아방가르드 예술부터 전통적인 교회 연회에 이르기까지 연일 다양한 이벤트가 펼쳐진다. 아기자기한 가게들과 로맨틱한 카페, 레스토랑이 여행자들의 발길을 붙잡는다.

3천 년 전 몰타의 수도였던 임디나는 발레타로부터 서쪽으로 15킬로미터에 위치하고 있다. 중세 시대의 건물이 많이 남아 있어 노블 시티로 불리기도 한다. 중심에는 로마 가톨릭 성당이 남아 있고, 근교에 위치한 라밧은 몰타 기독교의 기원지이기도 하다. 지금은 몰타의 최고 부유층이 사는 곳으로 유명하다. 중세와 바로크 시대의 건축물이 독특하게 조화를 이루는 골목길은 작은 자동차도 겨우 지나갈 만큼 좁다. 과거 적들이 쏜 화살이 멀리 날아가지 못하게, 말이 빨리 달리지 못하게 만든 구조이다. 밤이면 정적에 가까울 만큼 조용하고 절제된 분위기를 풍겨 '침묵의 도시'라고도 불리는 이곳은 고즈넉한 휴식을 취하기에 더없이 좋은 곳이었다.

유네스코 세계문화유산 성 요한 대성당

몰타 섬에서 딱 하루가 주어진다면 마샤슬록의 한적한 바닷가나 임디나 골목의 느린 산책이 아니라 바로 성요한 대성당을 가봐야 한다고 말하는 이가 있었다. 유네스코 세계문화유산이자 '넋이 나갈 정도로 아름다운 세계의 성당 21'에도 선정되었다. 소박하고 잔잔한 몰타의 자연 풍광과 달리 성당은 너무도 장대하고 화려한 반전의 미학을 보여준다. 성 요한 기사단을 위한 수녀원 교회로 사용하기 위해 1573년 짓기 시작해서 1577년 완공된 것으로, 최고의 예술작품을 활용해 화려함을 극대화한 것으로 유명하다.

여덟 개의 예배당 중에서 가장 주목할 만 한 곳은 카라바조가 남긴 그림이 있는 방이다. 1608년 제작 당시의 모습 그대로 보존되어 있는 〈성 세례 요한의 참수〉는 성당의 명성에 정점을 찍는 작품이자 카라바조가 직접 서명을 남긴 작품이라 가치가 더욱 높다. 현재도 관광객과 지역 주민 모두를 위한 신성한 예배 장소로 사용되고 있으며 문화행사도 자주 열린다.

성 요한 대성당

단조롭고 평화로운 풍경

블루와 라임스톤이 조화된 미니멀리즘 도시

몰타는 크게 두 가지 색으로 표현할 수 있다. 하나는 에메랄드 빛 바다, 또 하나는 부드러운 라임스톤 색 건물들이다. 두 가지 컬러로 세상을 보여주는 몰타는 단조롭다기보다 정갈하다. 훼손되지 않은 자연미로 가득한 고조 섬에 비해 몰타 섬은 좀 더 현대적이라고들 하지만, 인공미 가득한 세상에서 온 여행자의 눈엔 고조 섬도 몰타 섬도 그저 동화 속 세상처럼 아름다울 뿐이었다.

라임스톤의 벽은 따사로운 온기를 머금고 있고 집밖으로 나온 테라스에는 여유가 넘쳤다. 이 골목 저 골목 감탄하며 헤매다가 벽을 타고 올라가는 산타클로스 인형에 웃음을 터뜨렸다. 국민들의 낙천성을 보여주는 것만 같았다. 중앙광장 앞에 있는 커다란 야외 레스토랑이 사람들의 웃음소리로 제법 시끌 했다. 특별한 치장 없이 시간을 보내는 사람들 틈에 앉아 고조 섬에서 생산한 와인 한 잔을 기울이며 나도 터억, 잠시 긴장을 풀었다. 숨이 막힐 정도로 진지하고 투쟁적인 나라에서 온 여행자에게 몰타는 삶이 매사 그렇게 진지하고 투쟁적일 필요는 없다는 생각을 하게 했다.

신화와 역사가 살아있는 섬, 고조(Gozo)

몰타 섬이 문화, 상업, 행정의 중심 역할을 한다면, 고조 섬은 전원적이고 소박한 풍경을 갖고 있다. 와이너리와 고급 별장들이 많은 곳이기도 하다. 몰타 섬의 치케와 항구에서 40분이면 닿는 고조 섬으로 향하는 페리에서 아이들의 쾌활한 웃음을 만났다. 여행자의 피로를 한 방에 날려버릴 만큼 한없이 투명하고 눈부셨다. 순간 내가 사는 곳의 그늘지고 지친 아이들의 표정이 떠올라 씁쓸함이 교차했다.

고조 섬의 하이라이트이자 몰타를 대표하는 사진에 가장 먼저 등장하는 곳은 '아주르 윈도우(Azure Window)'이다. 푸른 창문이라는 뜻의 이 바위는 마치 세상과 바다를 이어주는 마법의 신전처럼 서 있었다. 라임스톤 석회암과 지중해 바람이 만들어낸 천연 바위로 50년 이내에 판이 떨어져 나간다는 설이 있다. 안타까운 마음이 드는 한편 이 시간이 더욱 소중하게 느껴졌다.

고조 섬은 '칼립소의 섬'으로도 불린다. 칼립소는 오디세우스가 아름다운 요정 칼립소와 함께 머물렀다는 동굴로, 고조의 최고 해변으로 꼽히는 붉은 모래가 아름다운 라물라베이 비치가 보인다. 호머의 작품 오디세이에서는 아름다운 요정 칼립소가 오디세우스를 사랑의 죄수로 7년 동안 이 동굴에 가두어 놓았다는 이야기가 나온다.

고조선이라는 이름을 연상시키는 고조 섬에는 이름과 어울리게도 선사 시대 유적지 주간티아 거석 사원이 원래 모습 그대로 보존되어 있었다. BC 3600~3000년 전에 건축된 사원으로 고대 이집트 피라미드와 영국의 스톤 헨즈보다 무려 천 년이나 앞선 건축물이라니 우리가 잘 모르고 있는 유적들이 세상에 얼마나 많은지 모르겠다. 무려 1000평방미터가 넘는 웅장한 규모의 성체로 지어진 빅토리아 요새는 고조 섬 어디에서도 보이는 언덕에 위치하고 있으며, 지금은 성당 박물관, 고고학 박물관 등으로 이용되고 있다. 비치 타월이 펄럭이고 아기자기한 카페와 와이너리가 옹기종기 모여 있는 섬은 몰타와는 또 다른 평온한 정취를 품고 있었다.

아주르 윈도우

사람이 풍경이 되는 마샤슬록 어촌마을

현지인들의 삶의 향기가 느껴지는 어촌 마을
마샤슬록(Marsaxlokk)

몰타 최대의 어촌 마을 마샤슬록은 15~16세기에 터키 군과 나폴리 군이 격전을 벌인 곳으로 지금은 몰타 최대의 어촌 마을을 형성하고 있다. 아름다운 전통 배 루츠가 코발트 빛 바다에 그림엽서처럼 떠 있다. 건물 사이의 네모난 틈새로 보이는 바다가 액자 속 그림처럼 아름다웠다. 매주 일요일이면 최대 수산시장인 선데이 마켓이 열리며, 골동품을 파는 벼룩시장도 인기다.

떠나기 전날, 아쉬운 마음이 들어 부둣가로 나갔다. 몇 시간을 우두커니 앉아 사람들이 낚시 그물을 걷어 올리는 모습을 지켜봤다. 지중해의 아름다운 섬인 때문일까. 이 나라 어부들의 모습에서는 삶의 고단함이 전혀 느껴지지 않았다. 바다 속이 훤히 보일 만큼 맑게 출렁이는 파도가 어느새 여행자의 마음을 보석처럼 반짝이게 하고, 사람은 풍경이 되었다.

Travel Tips

몰타공화국은 이탈리아 시칠리아 섬에서 남쪽으로 93킬로미터, 아프리카 튀니지의 동쪽에 위치하고 있다. 영어 어학연수를 가는 경우를 제외하고는 보통 이탈리아 여행 길에 들르거나, 한국에서는 아프리카 튀니지 등을 여행할 때 경유하는 경우가 대부분이다.

④

세상의 모든 고독을 품은 행성
아이슬란드
Iceland

"당신이 볼 수 있는 지점까지
최선을 다해 나아가라.
일단 그곳에 도착하면
당신은 더 멀리 볼 수 있게 된다."

- 지그 지글러

낯선 행성을 여행하는 최적의 방법

"너 혹시 아이슬란드 가봤니?"

"아니!"

"그럼 우리 며칠 동안 아이슬란드 가족 여행 갈 건데 차랑 숙소 다 해놨으니 올 테면 와."

"오, 그래? 그렇다면 무조건 가야지!"

토론토에 사는 오빠로부터 전화가 왔다. 나랑 통화를 하면서도, "과연 올 수 있을까" 했을지도 모르겠다. 그러나 난 단1초의 망설임도 없이 콜!을 외쳤다. 내 모토는 "그래 가자. 지금 당장!"이니까. 전화기 너머 오빠의 웃음소리가 들려왔다.

오빠네 가족과 레이캬비크에서 만나기로 하고, 나는 약속된 날짜보다 며칠 일찍 아이슬란드에 도착했다. 공항에 내리자마자 충격적인 경험을 했다. 여권 검사도 하지 않는 초고속 패스 입국 절차였다. 100여 개 국가를 여행하면서 입국 심사를 안 하긴 처음이라 어안이 벙벙했다. 후에 들은 얘기로는, 아이슬란드에 입국하기 위해서는 어차피 인근 유럽이나 북미 국가들을 반드시 경유해야 하므로 굳이 다시 검색할 필요를 못 느낀다나. 생경하지만 기분 좋은 경험이었다.

공항에 내리자 레이캬비크 한가운데로 여행자들을 데려다줄 '플라이버스(Flybus)'가 기다리고 있었다. 45분 만에 레이캬비크 도심 숙소 바로 앞에 도착했다.

여행이 끝날 수 없는 이유는 지그 지글러가 말한 '행로 효과' 때문인 지도 모르겠다. 더 깊이, 더 멀리가 여행자들의 모토이니 말이다. "아주 적은 수의 사람들만이 아이슬란드에 관심을 가지며, 그 적은 수의 사람들은 매우 열정적"이라고 말한 위스턴 휴 오든(Wystan Hugh Auden, 영국 시인)의 말처럼 닿는 순간 전혀 다른 행성에 도달했다고 느끼게 되는 곳, "사람의 손을 타지 않았다"라고 말할 수 있는 곳.

빙하에서 내려온 신선한 공기를 들이마시고, 온종일 생명체 하나 보이지 않는 텅 빈 도로를 달리다가 잠시 멈춰 선 목장에서 꼬물꼬물 뛰어 노는 양떼라도 만나면 새삼 생명의 강인함에 감탄이 터져 나오는 곳. 다시 차를 몰다가 시원하게 수직으로 내리 꽂는 폭포 옆으로 세상에서 가장 선명한 무지개를 만난 순간, 사는 동안 이곳에 발을 디뎌볼 수 있었다는 것만으로도 커다란 축복이라는 생각이 저절로 들었던. 아이슬란드는 물과 불 그리고 야생의 땅이었다.

오빠네 가족을 만나기 전 며칠 간 도심에 있는 게스트하우스에 묵었다. 8인실인데도 완전 독서실 분위기였다. 잠을 자거나 독서를 하는 사람 외에 누구도 술에 취하거나 떠드는 사람이 없어서 살금살금 걸어 다녀야 할 정도였다. 벽에는 "사교활동은 로비에 가서 해라"라고 못 박혀 있었다.

이 나라엔 "책 없이 사느니, 헐벗고 굶주리는 편이 낫다"는 속담이 있다고 한다. 에릭 와이너의 《행복의 지도》에 따르면 아이슬란드 정부는 작가들에게 최대 3년 동안 후한 보조금을 지급하는데 월급이라 해도 무방할 정도라고. 전 국민이 작가라 할 정도로 문맹률이 낮고, 독서율과 책 출간율이 높은 나라 아이슬란드를 방문하는 사람들의 특성 또한 독서광에 조용한 성품인걸까? 커피도 한 잔 마시고 시내 여행 정보도 얻을 겸 살금살금 로비로 내려갔다.

로비는 더 없이 쾌적했다. 간단한 식사와 커피, 맥주를 파는 카페테리아는 물론 한켠에 편안히 누워 쉴 수 있게 소파도 구비되어 있었다. 물가가 살 떨리게 비싼 곳이라 윈도우 쇼핑에 그쳐야 하겠지만 그래도 도심이 어떤 모습인지 궁금해 거리로 나섰다.

인구수 10만의 힙한 수도
레이캬비크(Reykjavik)

아이슬란드, 이름부터가 얼음의 땅이다. 사진으로 흔히 봐온 겨울 풍광은 황량했고, 사람 하나 없는 평평한 땅에는 온통 하얀 눈이 덮여 있는데다 북극에 가까워서 엄청나게 추울 것 같지만, 아이슬란드 겨울의 평균 기온은 영하 1도 정도로 생각만큼 춥지는 않다. 위도가 북극과 가깝긴 하나, 따스한 멕시코만류와 북대서양해류로 연중 온화하다. 밤이 긴 겨울, 여행자들의 대부분은 오로라를 보기 위해 아이슬란드를 찾는다. 여름은 평균기온 10도 내외로 시원하고 건조한 날씨이다.

아이슬란드를 여행하는 최적의 방법은 원을 그리며 섬을 도는 것이다. 2주 정도로 시간이 넉넉하다면 1번 링로드를 따라 섬을 둥글게 한 바퀴 돌면서 동북부까지 완전 정복할 수 있고, 일주일 이내 혹은 3~4일 정도의 짧은 기간이라면 수도 레이캬비크에 묵으면서 핵심 여행지가 몰려 있는 골든 서클과 핵심 포인트들을 돌아보면 된다. 골든 서클은 레이캬비크로부터 100킬로미터, 차로 2시간 거리에 있는 핵심 관광지를 둥근 원안에 묶은 것으로, 싱벨리어 국립공원, 게이사르, 굴포스가 포함된다.

위도 상 지구에서 가장 북쪽에 있는 수도, 레이캬비크는 아이슬란드 정치 문화 경제 의 중심 도시로 아이슬란드 여행의 시작점이자 끝점이다. 많은 단기 여행자들이 이 곳을 거점 삼아 인근 지역을 여행 한다. 레이캬비크라는 이름에는 '연기가 피어오르 는 만' 이라는 뜻이 담겨 있는데 맨 처음 이곳에 정착한 바이킹들이 간헐천에서 나오 는 수증기를 보고 지었다고 한다.

아이슬란드의 전체 면적은 남한과 비슷하지만 총 인구는 고작 34만 명이다. 이 중 약 10만 명이 모여 사는 레이캬비크는 예쁜 기념품 가게와 레스토랑, 서점, 레코드 가게 가 정갈하게 모여 있는 아티스틱하고 힙한 도시다. 아이슬란드에서 유일하게 도시 문화를 체험할 수 있는 수도조차 한산하기 짝이 없어서 이 나라 언어에 '북적인다'라 는 단어가 있기나 한 건지 궁금할 정도였다.

할그림스키르캬 교회

중세의 성처럼 우뚝 솟은 할그림스키르캬(Hallgrmskirkja) 교회는 레이캬비크의 랜드 마크다. 도시 탐험에 나선 사람들이 낮이든 밤이든 "저 교회를 향해 걸으면 되는" 등대 같은 역할도 한다. 주상절리를 형상화한 끝이 뾰족한 모양의 건축물도 아름답고, 파이프오르간 소리가 은은하게 울려 퍼지던 내부의 분위기도 인상적이었다. 전망대에 오르자 도심이 한 눈에 들어왔다. 장난감처럼 어여쁜 형형색색의 집들과 푸른 바다의 조화를 보고 있으니, 시력이 좋아진 듯한 착각이 일기도 했다.

하루 종일 쏘다닌 탓에 문득 시장기가 돌아 들어간 카페 로키(Loki). 여행자들도 많이 찾는다는 이곳에서 용기를 내어 이 나라 음식을 시도해 보았다. 경험상 입맛에 안 맞을 확률이 90%지만, 실패할걸 알면서도 한입이라도 맛을 경험해 보기 위해 시키고 보는 사람이 나라는 사람. 말린 생선포와 버터 바른 딱딱한 호밀 빵, 삭힌 상어 요리(하르칼 Harkal)는 한입 먹고는 그 비린 맛에 웩~ 하며 거의 그대로 남겼다. 실패한 모험으로 끝났지만 그래도 도전해봤다는 사실에 흐뭇해하며 배고픔을 안고 숙소로 향했다.

핵심 코스가 모여 있는 골든 서클(Golden circle)

캐나다 토론토에서 5시간 거리인 아이슬란드는 마치 우리네 동남아 패키지처럼 에어비앤비 숙소와 항공권을 포함한 저렴한 비수기 상품이(우리가 갔던 때는 10월이었다) 많다고 했다. 오빠는 그 기회를 이용해 네 명의 가족이 함께 아이슬란드로 왔다.

가족 상봉 후 짐을 에어비앤비로 옮기고 여기서 가장 크다는 코스트코에서 일주일 치 장을 봤다. 비싼 물가와 밥 먹을 곳이 마땅치 않은 현지 사정을 고려해 이른 아침에 식사를 하고 샌드위치 도시락을 사서 일정을 소화한 뒤, 늦은 저녁 돌아와 식사를 하는 스케줄이다. 골든 서클을 본 후 시간이 되는대로 좀 더 멀리 핵심 포인트를 찾아가보는 계획을 세웠다.

레이캬비크에서 차로 약 45분 거리에 있는 싱벨리어 국립공원은 골든 서클의 핵심 여행지 중 하나다. 아이슬란드에서 첫 번째로 지정된 국립공원이자 바이킹족이 세계 최초 민주 의회를 연 곳이다. 역사적으로도 의미 있지만 북아메리카 지반 층과 유라시아 지반 층 두 대륙이 만나는 지질학적 가치를 인정받아 유네스코 세계문화유산에 등재되어 있다. 두 지반 층 사이에 균열이 시작되어 해마다 2센티미터씩 틈이 벌어지고 있단다. 두 지반 층 사이로 난 좁은 길을 걸으며 지구의 생성과 역사에 대해 사색해보았다. 시월의 아름다운 가을 단풍을 만끽했던 산책길이 오래도록 기억에 남았다.

싱벨리어 국립공원

불과 얼음의 땅을 입증하는
간헐천과 폭포, 빙하들

아이슬란드는 '불과 얼음의 땅'이라 불린다. 불을 담당하는 것이 아마도 간헐천과 유황 온천 지대일 것이다. 아이슬란드에는 130여 개의 화산이 있고 그 영향으로 생긴 것이 간헐천이다. 차를 타고 달리다 보면 여기저기서 연기가 피어오르는 모습을 볼 수 있는데, 정해진 온천 지역이 아니라도 땅 밑에서 활발한 지열 활동이 이루어지고 있음을 실감할 수 있다.

게이사르 간헐천

간헐천을 뜻하는 보통명사 '가이저(Geyser)'가 게이사르(Geysir)에서 왔다고 할 정도로 대표적인 게이사르 온천. 여러 개 흩어진 간헐천 중 가장 인기가 많은 장소에서는 5~10분 간격으로 신비로운 푸른빛의 뜨거운 온천물(화씨 80도~100도 이상)이 치솟는 진풍경이 벌어졌다. 간격이 일정하지 않아서 오히려 긴장감이 더해졌고, 쉬는 시간이 길면 길수록 더욱더 고공으로 치솟아 오르는 웅장함에 경이로움이 일던 곳. 영화 〈반지의 제왕〉에 나오는 죽음의 땅 '모르도르'의 모티프가 된 곳으로 그 주변에는 카메라를 들고 간헐천이 솟구치는 순간을 담으려는 사람들이 늘 모여 있다.

굴포스

이번엔 폭포다. 아이슬란드 최대 규모의 폭포로 알려진 굴포스 (Gullfoss)는 높이가 32미터에 달했다. 햇살이 비출 때 황금빛을 띤다고 해서 '황금 폭포'라는 이름을 갖게 되었다. 겨우내 얼어있던 빙하와 눈이 6~8월 사이 녹아내리며 거대한 폭포 줄기를 만들며 흘러내렸다. 백여 개의 계단과 나무 데크가 깔린 길을 따라 행여 미끄러질까 조심조심 폭포의 중심을 향해 걸어갈 때, 마치 장엄한 교향곡을 틀어놓은 듯 점층적으로 커지는 폭포 소리가 웅장하게 들려왔다. 가까이 다가갈수록 눈을 제대로 뜰 수 없을 만큼 세찬 물보라가 앞을 가렸다. 한 걸음 한 걸음 변화무쌍한 풍경과 물줄기를 놓칠 수 없어 자꾸만 멈추어 서서 주변을 감상하게 되는, 감탄이 연이어 터져 나오는 폭포였다. 이렇게 첫째 날 골든 서클을 모두 돌아보았다.

셀랴란드스포스

둘째 날은 셀랴란드스포스(Seljalandsfoss)에서 시작했다. 직벽으로 떨어지는 폭포의 높이가 무려 65미터에 이르렀다. 이곳의 매력은 폭포 뒤쪽까지 한 바퀴 돌아볼 수 있는, '작은 요정의 길'이라 불리는 트레킹 코스다. 정면에서 바라보는 폭포도 근사하지만 폭포 뒤에서 우레와 같은 소리를 들으며 역광으로 만나는 폭포의 위용도 무척 아름다웠다.

셀랴란드스포스와 25분 거리에 있어 나란히 둘러보기 좋은 스코가포스(Skógafoss)는 높이 60미터, 폭이 15미터의 폭포로, 탁 트인 전망이 시원하게 펼쳐져 있었다. 폭포 오른쪽으로 나 있는, 전망대로 가는 트레킹 코스를 따라 걸으며 폭포 전체를 조망해 보길 권한다. 아이슬란드 여행 중 선명한 무지개를 많이 만났는데 그중 가장 선명한 무지개를 스코가포스에서 만났다.

스코가포스에서 만난 선명한 무지개

산의 모양이 교회의 지붕 모양과 비슷하다고 해서 이름 지어진, '교회'라는 뜻의 키르큐펠(Kirkjufell)은 아이슬란드의 영혼이 서린 곳으로 알려져 있다. 폭포, 폭포, 폭포… 어디서나 만나는 폭포들! 전 지역이 포토 존이라 해도 과언이 아닌 아이슬란드에서도 키르큐펠 산은 컴퓨터 배경 화면의 대표적인 풍경으로 등장할 만큼 아름다웠다. 삼각대를 세워놓고 얼마든지 기다릴 각오가 되어 있는 전문 사진작가들이 상주하는 곳이기도 하다. 이 멋진 산에 오로라라도 뜨면 얼마나 황홀할까.

키르큐펠스포스

이끼가 덮인 초록 산맥을 옆으로 끼고 일직선으로 난 길을 달리다가, 생명체가 꿈틀대는 듯 울퉁불퉁한 땅이 신비해서 잠시 차를 세우고 걸었다. 스칼(Skal)이라는 표식이 붙어 있다. 지명인지 뭔지 모르겠지만 사전을 찾아보니 '껍질, 표피'라는 뜻이란다. 인간이 포장하지 않으면 지구의 껍질은 이렇게 생겼을까. 야생의 땅 위로 요정이 툭 하고 튀어나올 것만 같다. 구글 지도를 검색해 보니 이곳은 약 6킬로미터에 걸쳐 넓게 펼쳐진 엘드흐뢰인 용암 지대의 이끼 군락(Scenic Green Lava Walk)이었다. 화산암을 뒤덮고 12~50cm까지 자란 이끼가 양탄자처럼 푹신해서, 아폴로 11호 비행사들이 여기서 문워크 훈련을 받았다고 한다.

시간가는 줄 모르고 폭신폭신한 땅위를 걸었다. 금방이라도 푸욱 소리를 내며 땅속의 생명체가 내 발을 잡고 알 수 없는 저 지구 밑바닥까지 끌고 가버릴 것 같은 착각이 들었다.

용암 지대 이끼 군락 Scenic Green Lava Walk

디르홀레이 반도와 레이니스피아라

디르홀레이 반도(Dyrhólaey)
검은 모래 해변 레이니스피아라(Reynisfjara)
그리고 비크(Vik)

이젠 바다로 향할 차례다. 세찬 바람이 몰아치던 디르홀레이 반도는 한
발 한 발 앞으로 나아가기조차 힘들었다. 마주 오는 바람을 온몸으로
저항하며 전망대에 올랐다. 등대와 코끼리 바위, 검은 모래해변 레이니
스피아라까지 한눈에 들어오는 풍경이 장관이었다.

세계에서 가장 아름다운 해변으로 꼽히는 검은 모래 해변과 용암이 식
으면서 형성된 주상절리가 볼만했다. 주상절리 동굴 안에 숨어 잠시 바
람을 피해보지만 언제까지나 그곳에 있을 수는 없는 일! 다시 바람 속
으로 나가는 수밖엔 없다. 신의 조각 작품인 듯 서 있는 레이니스드랑
가 현무암 바위의 모습도 인상적이었다.

돌아오는 길, 귀여운 마스코트 동상이 눈에 들어왔다. 아이슬란드 상징인 코뿔바다오리 '퍼핀'이다. 아이슬란드, 페로 제도, 북유럽 등지에서만 볼 수 있으며, 여름내 머물다가 8월말 쯤 먼 바다로 떠나간다. 흑백 몸통에 하얀 얼굴, 눈 주위에는 까만 줄이 나있고 선명한 주홍 부리를 가진 모습이다. 평소엔 그저 칙칙한 회색빛인데, 산란기가 되면 암컷, 수컷 상관없이 주황빛으로 변한다고 한다.

디르홀레이 해안 절벽에서도 볼 수 있다길래 열심히 찾아봤지만 10월이라선지 아쉽게도 실제 모습은 보지 못하고 동상 옆에 서서 기념 사진을 찍는 것으로 만족해야 했다. 아이슬란드의 최대 퍼핀 서식지는 웨스트만(Westmant) 제도로 많을 땐 무려 천만 마리의 퍼핀이 날아 든단다. 비크, 디르홀레이, 서쪽 피요르드에서도 볼 수 있다니 언제 만날 기회가 있으면 하는 바람을 품어 본다.

아이슬란드 마스코트 퍼핀

빙하가 떠다니는 신비로운 풍경
요쿨살론(Jökulsárlón)

겨울이면 온통 흰색으로 덮이는 아이슬란드는 한 번도 세상에 내보인 적 없는 듯 순수한 모습을 드러낸다. 〈월터의 상상은 현실이 된다〉, 〈프로메테우스〉, 〈왕좌의 게임〉, 〈인터스텔라〉, 〈배트맨 비긴즈〉, 〈툼레이더〉, 〈토르: 다크 월드〉 등 수많은 영화와 드라마의 배경이 된 이곳은 '지구의 심장부로 통하는 현관', '신이 세상을 만들기 전에 연습 삼아 만들어본 곳'으로 일컬어질 정도로 신비함을 자아내는 풍광이 펼쳐져 있다. 10월인데도 거친 바람과 낮은 기온은 두꺼운 패딩을 입고도 옷깃을 여미게 했다.

오늘은 드디어 빙하를 만나는 날이다. 레이캬비크에서 요쿨살론까지는 왕복 9시간 가까이 걸린다. 레이캬비크에 숙소를 두고 오가는 탓에 새벽같이 서둘러 요쿨살론으로 출발했다.

빙하의 거대한 덩어리가 지면을 깎아 만든 요쿨살론 호수는 지구온난화로 인해 면적이 가파르게 증가하고 있다고 한다. 아이슬란드에서 가장 큰 빙하 지대인 바트나이외쿠틀(Vatnajokull)에 있던 빙하가 서서히 녹으면서 요쿨살론으로 이동하고, 다이아몬드 비치(Diamond Beach)에서는 물로 되돌아가기 전의 빙하 조각들이 보석 같은 풍경을 연출한다. 이름처럼 검은 드레스에 다이아몬드 장식을 박아 놓은 듯 신비로운 풍경이었다.

요쿨살론 얼음 한 덩이 넣고 원 샷!

희다 못해 차라리 푸른 빛이 도는 빙하들 사이로 샤프란 색 승복을 입은 승려가 유유히 사라지는 모습이 꿈속인 듯 아련하게 느껴졌다. 빙하 위에 올라서서 아득히 먼 곳을 응시하듯 바라보는 연인의 모습은 한 폭의 그림 같다. 빙하에서 하는 일종의 의식 중 하나는 위스키에 그곳 빙하 조각을 넣어 마시는 것. 마련해간 위스키 잔에 요쿨살론 얼음을 한 덩이 넣고 원 샷! 과연 비교 불가의 맛이었다.

요쿨살론

비요크(Björk)과 시규어 로스(Sigur Rós)의 나라

음악을 좋아하는 이들에게 아이슬란드는 비요크와 시규어 로스의 나라일 것이다. '자작나무'라는 뜻의 비요크, '승리의 장미'라는 뜻의 시규어 로스는 이름부터가 신비롭다. '주먹 쥐고 일어서'라는 어느 인디언의 이름처럼 이름에 그곳의 정서를 온전히 담고 있다.

EBS 국제다큐영화제에서 상영된 아이슬란드 음악에 관한 영화 〈천 개의 레이블: 아이슬란드 팝 기행〉에서 아이슬란드 뮤지션 올라퍼 아르날즈(Ólafur Arnalds)는 "당신 음악의 원천이 주로 화산, 온천, 오로라에서 오느냐?"라는 기자의 질문에 "뭔 귀신 씨나락 까먹는 소리냐"고 시크하게 일갈했다지만 그들의 음악엔 당연히 아이슬란드가 담겨 있다.

시규어 로스는 기타를 활로 켜서 내는 독특한 사운드로 알려져 있는데, 보컬 욘 소르 비르기손(Jón Þór Birgisson)의 가성과 실험적이고 미니멀한 음악성으로 우리나라에서도 큰 인기를 얻고 있다. 몽환적이면서도 서정적이고, 서늘하면서도 격정적인 세계. 그 세계를 따라가다 보면 어느새 아이슬란드에 있는 듯한 자신을 발견할 것이다. 노래 제목도 〈빛나는 요정(Starálfur)〉이라니. 심지어 노랫말 일부는 욘 소르 비르기손이 만든 언어인 '희망어(Vonlenska)'로 되어있다는데, 희망어란 일정한 문법이나 뜻을 가진 단어로 구성된 언어가 아니라 단지 음악에 맞춰 뜻 없는 음절을 배열한 것이라고 한다. 사용하는 언어마저도 의미의 틀로 가두지 않으려는 음악 세계가 아이슬란드 대지만큼이나 독창적이다. 차 한 대, 생명체 하나 보기 힘든 황량한 대지를 달려갈 때 이들의 음악은 아이슬란드와 완전한 하모니가 되어주었다.

링로드

요정(Elf, 엘프)을 만나는 꿈

아이슬란드는 국민의 62%가 요정 엘프가 실제로 존재한다고 믿는단다. '요정 학교' 도 있다. 신화 속의 요정 엘프를 '훌드폴크(Huldufólk, 숨어있는 사람들)'라고 부르며, 요정이 어디에 숨어있을지 모르기 때문에 늘 조심한단다. 대부분 집의 앞마당에는 엄지손가락보다 작은 난쟁이 요정 엘프가 머물기 위한 작은 집이 마련되어 있다. 도로를 내거나 건물을 지을 때도 요정이 다치지 않게 주의하며 바위 틈이나 풀밭에 살고 있을지 모를 요정을 위해 집과 교회를 지어주기도 한다니 그저 놀라울 따름이다.

요정 엘프에 대해 전문적으로 공부하는 학교도 실재한다. 이 학교는 13가지 다양한 엘프들과 다른 신화 속 생명체인 트롤, 난쟁이, 꼬마 도깨비 등을 가르치고, 엘프와 마주쳤을 때 대처법도 알려주며, 졸업하면 졸업장도 준다. 관광객을 위한 '엘프 투어' 도 있는데 엘프가 자주 출몰한다는 용암 대지에서 캠핑하며 엘프에 관한 이야기를 나누는 프로그램이다.

아이슬란드의 소설가 솔비 비요른 시구르드손은 BBC와 인터뷰에서 "아이슬란드는 스토리텔링의 나라"라면서 "어둡고 추운 밤에 이야기를 지어내고 들려주는 것 외에 달리 할 일이 뭐가 있겠는가"라고 말했다고 한다.

천국에 온 듯 우유 빛깔 온천
블루 라군(Bláa lóni□)

아이슬란드에 왔다면 아무리 비싸도 꼭 가봐야 할 곳이 있다. 신선의 경지를 체험할 수 있다는 야외 온천 블루 라군이다. 화산암과 검은색 모래사장으로 둘러싸인 5000제곱미터에 달하는 거대한 야외 온천은 온통 수증기로 뒤덮여 있어 천국에 온 듯 몽환적이다. 10만 원에 가까운 비싼 입장료도 전혀 아깝지 않다. 평소 사진 찍기를 우습게 여기는 사람들도 저마다 수영복 차림에 핸드폰과 카메라를 든 모습들이다. 발바닥에 닿는 하얀 진흙 실리카 머드는 각질 제거 효과가 뛰어나며 천연 무기염이 풍부해 피부병에 탁월한 효능이 있다고 한다.

온종일 머물러도 지루하지 않을 것 같은 곳에서 마지막 날을 보내고 나니 추위에 웅크렸던 몸이 새털처럼 가벼워지고 지구의 근원에서 올라오는 야생의 기운까지 듬뿍 받은 듯했다. 돌아오는 길, 검은 하늘 위로 피어오르는 오로라까지 만났다면 행운은 내 것임이 틀림없을 텐데. 아쉽게도 오로라는 보지 못했다. 그 옛날 바이킹들이 이곳을 발견하고는 너무 좋아서 다른 이에게 빼앗기지 않으려고 얼음나라(아이슬란드)라는 이름을 붙이고, 실제 살기 힘든 그 옆의 섬 나라엔 '그린란드'라는 초록초록한 이름을 붙였다는 이야기를 들은 적이 있다. 직접 와보니 이곳 사람들이 왜 자기네 나라 이름 아이슬란드 앞에 N을 붙여 '나이슬란드(Niceland)'라고 하는지 알 것 같았다. 다음엔 더 긴 시간을 내어 링로드를 한 바퀴 일주하는 꿈을 꾸어 본다.

블루 라군 온천

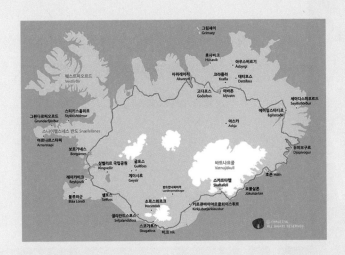

Travel Tips

아이슬란드까지 가는 직항노선은 없고, 런던, 헬싱키, 암스테르담 등의 유럽 도시 중 한 곳을 경유한다. 유럽의 주요 도시에서 아이슬란드의 케플라비크(Keflavik) 공항까지 비행기로 3시간 정도 소요되며 이런 이유로 아이슬란드에서는 입국 절차가 생략된다.

추천 루트는 여행 기간에 따라 다르다. 3~4일 정도라면 골든 서클 위주로 핵심 지역을 보고, 보름 내외의 일정이라면 차를 렌트하여 섬 전체를 돌아보기를 권한다.

⑤

유럽 최고 품격의 크리스마스 즐기기
영국 크리스마스 마켓
Christmas Market

"이 도시가 특별히 아름다운 건
천천히 시간을 갖고 만들어졌기 때문이다."
- 렌초 피아노

타워 브릿지 스노우맨

품격이 다른 영국의 SEASON'S GREETINGS

이탈리아 건축가 렌초 피아노(Renzo Piano)는 영국이 특별히 아름다운 건 천천히 시간을 갖고 만들어졌기 때문이라고 했다. 건축물도, 공원도, 문화 예술도, 시장도 그러하다. 오랜만에 방문해도 얼마나 변했을지 걱정하지 않아도 되는 도시들이 있다. 영국도 그렇다. 11년 만에 다시 찾은 런던은 매 순간 매일의 삶을 통해 결코 날림 없이 견고하게 지어지고 있었다. 시간의 공을 들여 만든 것이야말로 오랫동안 사랑받을 자격을 얻게 되며 세계를 이끄는 고전이 된다는 것을 다시금 깨닫게 했다. 역사와 현재가 반짝반짝 빛나는 곳에서 한 해 동안 수고한 자신에겐 축하와 격려를, 다가올 새

해에도 함께할 사람들과 감사와 축복을 나누는 시간을 누리는 건 어떨까. 영국의 겨울은 말 그대로 마법 그 자체이다.

"런던은 모든 새들의 둥지다(London is a roost for every bird)." 벤저민 디즈레일리(Benjamin Disraeli)의 표현처럼 크리스마스 시즌의 런던은 진정 천사들의 둥지로 변신한다. 크리스마스 마켓의 역사는 중세 후반으로 거슬러 올라간다. 독일, 스위스, 오스트리아 등에서 열리던 것이 유럽 전반으로 퍼지면서 영국의 주요 도시들 런던, 바스, 코츠월드, 옥스퍼드셔 등지에서 성대하게 열리고 있다. 대형 크리스마스트리와 동심을 자극하는 회전목마와 같은 놀이기구부터 천사 모양의 블링블링한 장식품과 초콜릿 등을 파는 가판상점들이 크리스마스의 분위기를 돋운다.

쨍한 날을 보기 힘든 영국에서 선글라스를 껴야 하나 싶게 찬란한 빛으로 반짝이는 때가 바로 크리스마스 시즌이다. 트라팔가 광장(Trafalgar Square)과 피카딜리 서커스(Piccadilly Circus), 레스터 스퀘어(Leicester Square)를 비롯해 옥스퍼드 스트릿(Oxford Street), 리젠트 스트릿(Regent Street), 코벤트 가든(Covent Garden)에 대형 크리스마스트리가 세워지고 화려한 크리스마스 마켓이 열린다. 주택가는 여전히 특유의 차분함을 간직하고 있지만 도심은 세상 어둠을 다 밝히고도 남을 화려한 조명과 장식들로 가득하다. 가장 추운 계절에 역설적으로 따스함을 만들어낸다.

타워브릿지(Tower Bridge)를 따라 템즈강변으로 늘어선 스노우맨을 찾는 즐거움과 반짝이는 장식들, 선물용 액세서리들, 레드 와인에 설탕과 레몬 껍질 향신료를 넣고 끓인 멀드 와인(Mulled Wine) * 은 마음을 따스하게 덥혀주기에 충분하다.

● 프랑스에서는 뱅쇼(Vin chaud), 독일에서는 글루바인(Gluhwein)이라 한다.

노팅힐(Notting Hill)의 포토벨로 마켓(Portobello Road Market)은 늘 그렇듯 멋쟁이들로 가득하고, 웨스트엔드의 극장들에선 세계적인 뮤지컬이 문화적 욕구를 채워준다. 뉴욕 브로드웨이와 양대 산맥을 이루는 런던의 웨스트엔드 뮤지컬은 중세 때부터 이어온 영국인들의 공연 사랑 덕분에 날이 갈수록 기술성과 예술성이 더해져 전 세계인들로부터 변함없는 사랑을 받고 있다. 현재 최고의 인기를 누리고 있는 뮤지컬 〈라이온 킹〉과 〈맘마미아〉를 보면서 뮤지컬 작품 하나가 수십 년간 고전처럼 사랑받는 것이 참 부러웠다. 무대 장식과 의상, 탁월한 연기는 물론 온 가족이 춤추며 즐기는 모습은 크리스마스의 흥을 더해주었다.

포토벨로 마켓의 세계 유명 뮤지션들의 사인 보드 사이에서 BTS도 만났다. 방탄소년단의 영국 공연 이후로 히스로 국제공항에서 한국인 자동 입국 심사가 앞당겨졌다는 이야기도 들려와 뿌듯해진다. 영화 〈노팅힐〉에 나온 노팅힐 여행 서점은 기념품 샵으로 변했지만, 여행자들은 오늘도 그 앞에서 즐거운 표정으로 인증 샷을 찍기에 여념이 없다. 판매용 대형 크리스마스트리들을 파는 가게들과 늘어선 과일가게들을 보니 휴 그랜트가 바로 옆을 스쳐 지나갈 것만 같다. 배경 음악은 물론 Ain't no sunshine~

멀드 와인

웨스트엔드 뮤지컬

150

큐가든의 조명

런던은 오직 크리스마스를 위해 장식한 곳들로 더욱 반짝거린다. 큐가든(Kew Gardens)이 대표적이다. 세계에서 가장 특별한 식물원 중 하나인 큐가든은 2003년 유네스코 문화유산에 등재된 곳으로 런던에서 신선한 공기를 마시며 쉴 수 있는 장소이다. 이 광대한 공간을 탐험하다 보면 어느새 지친 영혼을 회복할 수 있다. 겨울엔 특히 크리스마스 음악들에 맞추어 색을 바꿔가며 갖가지로 변신하는 새로운 설치물을 볼 수 있다. 갖가지 모양의 작품들이 저마다 다른 곡에 맞추어 창조해내는 빛과 색의 변신을 보고 있노라면 마법의 성에라도 온 듯 꿈에서 깨고 싶지 않아진다.

여행 와서 뭘 잘 안 사는 편인데, 너무도 맘에 드는 캐시미어를 만났다. 부드러운 감촉의 천으로 온몸을 감싸니 겨울이 한껏 따스해졌다.

온천을 즐기며 느긋하게 세우는 신년 계획
바스(Bath)

런던 패딩턴역(Paddington Station)에서 기차로 한 시간 반 정도 거리에 있는 바스는 영국의 유일한 온천 지역으로 추운 겨울에 그 가치가 배가 된다. 기원전 1세기 바스를 점령한 로마인은 이곳에 온천과 신전을 세우고 400년간 번영의 길을 걸었다. 로마 몰락 이후 폐허가 된 채 방치되었다가 1702년 앤 여왕의 방문을 계기로 재건을 시작했고, 이후 온천욕을 즐기는 귀족들의 사교장이자 치료를 위한 장소로 큰 인기를 누리게 되었다. 목욕을 뜻하는 'Bath'라는 단어가 이곳에서 유래했다니 전통과 유명세가 짐작이 간다.《오만과 편견》의 작가 제인 오스틴(Jane Austen)이 살았던 곳이자 로만 바스(The Roman Baths)와 테르메 바스 스파(Thermae Bath Spa), 중세 수도원과 수상 경력에 빛나는 크리스마스 마켓이 열리는 곳. 〈레미제라블〉의 촬영 배경이 된 펄트니 다리도 놓치지 말길 바란다.

바스 수도원 앞에서 캐럴을 부르는 사람들

로만 바스

2천 년 전 로마인들이 그랬던 것처럼 고대의 포장도로를 걸으며, 길게 늘어선 아름다운 건물들과 가게들을 보는 재미에 빠져들었다. 펄트니 다리(Pulteney Bridge)는 피렌체의 베키오 다리를 따라 만들었다고 해서 '바스의 베키오 다리'라고 불린다. 다리 위에서 아름다운 강변과 건축물이 어우러진 모습을 보고 있으면 시간이 가는 걸 잊게 되는 곳이다. 다리 아래로 엄청난 물살이 센 둑(Pulteney weir)이 보이는데 여기가 바로 영화 〈레미제라블〉에서 자베르 경감이 강물 속으로 뛰어든 곳이다. 중세 시대 성벽은 다 허물어졌지만 18세기 조지 왕조 건축 양식의 아름다운 건물들 사이를 걸어 다니는 자체로 즐겁다.

다리를 건너 좁은 문을 빠져나오니 거대한 바스 수도원(Bath Abbey)이 압도하는 듯한 풍채로 눈앞에 서 있었다. 영국 내 최대 규모의 중세 수도원으로 내부의 스테인드글라스가 아름답기로 유명하다. 수도원 앞에선 동네 사람들이 모여 크리스마스 캐럴을 부르고 있었다. 소박하고도 경쾌한 모습에 절로 흥이 났다.

대형 크리스마스트리 뒤편이 바로 로만 바스였다. 로마 시대에 만들어진 목욕탕 가운데 원형을 가장 잘 보존하고 있는 로만 바스 안으로 들어서자 김이 모락모락 피어오르는 에메랄드 빛 온천 속으로 풍덩, 하고 싶어진다. 여기서 실제로 온천을 즐기지는 못한다. 그렇다고 실망할 필요는 없다. 노천 온천을 갖추고 있는 맥도널드 배스 스파 호텔, 더 로열 크레센트 호텔 앤 스파를 비롯하여 최고의 뷰를 갖춘 테르메 바스 스파까지. 온천과 수영을 즐길 수 있는 멋진 장소가 여러 군데 있다.
테르메 바스 스파는 2천 년 전 켈트와 로마인들처럼 영국에서 유일하게 자연적으로 형성된 미네랄이 풍부하고 따뜻한 온천수로 즐길 수 있는 유서 깊은 곳이다. 현대적으로 개조한 내부 디자인, 다양한 사우나 시설과 수영장, 자쿠지를 갖추고 있어 최적의 휴양을 제공한다. 무엇보다 옥탑 노천 온천에서 바라보는 바스 시내 전망이 압도적이다.

바스에서 빼놓을 수 없는 것이 작가 제인 오스틴이다. 제인 오스틴 센터에는 우리가 익히 잘 알고 있는 《오만과 편견》, 《엠마》, 《센스 & 센서빌리티》, 《분별과 다감》 등 그녀의 책과 사진, 편지 등이 전시되어 있다. 센터를 끼고 왼쪽으로 돌면 창문을 콘크리트로 막아둔 집들이 나온다. 18세기에는 유리창 수에 따라 세금을 매겼는데, 세금을 적게 내려고 집주인들이 창문을 막아버렸다고 한다. 목사였던 아버지가 사망한 후 언니와 둘이 셋방살이를 전전하며 온갖 고생을 다 했다고 알려진 제인 오스틴. 이곳에서 그녀의 삶이 얼마나 고되었을지 상상이 간다. 매년 9월마다 제인 오스틴 축제도 열린다니 이때에 맞춰 방문하는 것도 흥미로울 것 같다.

테르메 바스 스파

전형적인 영국 마을에서 로맨틱 홀리데이를
코츠월드(Cotswolds)

영국 하면 가장 먼저 떠오르는 영화들이 있다. 〈러브 액추얼리〉를 비롯해 〈노팅힐〉,
〈브리짓 존스의 일기〉, 〈비커밍 제인〉, 〈오만과 편견〉 등. 그중에서도 크리스마스 직
전 실연을 한 두 싱글 여성이 2주 동안 집을 바꿔서 살아보는 경험을 통해 새로운 사

코츠월드 전경

랑을 만나는 과정을 그린 〈로맨틱 홀리데이(원제 The Holiday)〉는 가장 좋아하는 영화 중 하나이다. 내용도 훌륭하지만 특히 영화의 배경인 평화로운 시골 풍경의 마을이 언젠간 꼭 가보고 싶다는 꿈을 꾸게 할 정도로 아름답다. 그곳이 바로 코츠월드이다. 〈브리짓 존스의 일기〉에서 브리짓의 부모님이 사는 곳이기도 하다.

코츠월드는 '양 우리(Cots)'와 '언덕(Wolds)'이라는 말이 합쳐진 지명으로 어느 한 장소가 아니라 200여 개의 작은 마을이 모여 있는 구릉지대를 통칭한다. 이름에서도 드러나듯이 '양 떼가 뛰노는 언덕'쯤 되는 코츠월드는 오랫동안 양을 길러온 지역이자, 오늘날 영국인들에게는 은퇴 후 가장 살고 싶은 곳, 이방인에겐 '가장 영국스러운 곳'으로 꼽힌다. 지역 전체가 특별 자연 미관 지역에 지정되어 있을 만큼 풍광이 아름답다.

산업 혁명으로 나라가 들썩이고 거미줄처럼 철도망이 깔리던 18~20세기를 지나면서도 평화로운 자연 환경을 고스란히 간직할 수 있었던 비결은 아이러니하게도 공업적으로 성공할 기반이 없었고, 따라서 철도가 깔리지 않은 덕분이었다. 미술 공예 운동의 창시자인 윌리엄 모리스(William Morris)가 영국에서 가장 아름다운 마을이라 칭한 바이버리(Bibury)도 이 지역에 있다. 그는 "집에는 쓸모 있다고 알려졌거나 아름답다고 믿어지는 것이 아니면 있어서는 안 된다"고 말했다는데, 코츠월드의 구석구석을 돌아보노라면 그가 왜 그렇게 말했는지 이해가 간다.

광활한 언덕에 장엄하게 우뚝 서서 드센 바람과 대결하고 있는 우스터셔 브로드웨이 타워(Worcestershire Broadway Tower) 언덕을 내려와 낭만적인 운하 마을 바톤 온 더 워터(Bourton on the water)에 도착했다. 17세기에 지어진 집들과 상점들 사이로 운하가 흘렀다. 사람들은 사이사이 놓여 있는 예쁜 다리 위에서 기념사진을 남기기 바빴다. 운하를 따라 천천히 산책하며 예쁜 가게들을 탐색했다. 건물 전체를 선물 포장으로 장식한 유머 넘치는 건물들도 있었다. 마을을 흐르는 맑은 강물, 작고 아기자기한 돌다리, 강변 카페에 앉아 아이스크림을 먹거나 차를 마시며 도란도란 이야기를 나누는 사람들과 따사로운 햇살까지… 왜 이곳을 '코츠월드의 베니스'라고 부르는지 고개를 끄덕일 수밖에 없었다.

웅장하면서도 동화적인
옥스퍼드셔 블레넘 궁전(Oxfordshire Blenheim Palace)

런던으로 돌아오는 길, 옥스퍼드셔에 있는 블레넘 궁전에 들렀다. 앤 여왕과 영국 정부가 유럽을 정복하려는 루이 14세의 야망을 저지한 데 대한 감사의 표시로 초대 말버러 공작 존 처칠에게 하사한 궁전이다. 윈스턴 처칠이 태어난 생가이자 바로크 양식의 건축 기법을 감상할 수 있는 곳이다. 동화책에서나 나올법한 회전목마를 타고, 오랑주리 레스토랑(The Orangery)에서 우아하게 애프터눈 티를 마셔본다. 윈스턴 처칠은 "우린 건물을 만들었지만, 그다음엔 건물이 우리를 만들었다(We shape our buildings; thereafter they shape us)"고 했다. 그의 말처럼 영국의 겨울은 뭔가 모르게 들뜬 듯 차분하고, 풀어진 듯 익사이팅하며, 전통적인 듯 앞서가고 있었다.

영국의 맛 오랑주리에서
애프터눈 티(Afternoon Tea)

여행의 맛엔 여러 가지가 있지만 그중에서도 지친 몸을 충전하면서
도 그곳만이 가진 전통 문화가 담긴 체험은 빼놓을 수 없는 행복한 경
험이다. 영국의 맛, 하면 피시 앤 칩스, 잉글리시 브랙퍼스트, 홍차, 에
일 맥주 등을 떠올리게 된다. 그중에서도 가장 근사한 경험 중 하나는
애프터눈 티를 맛보는 것이었다.

19세기 초, 한가한 오후 시간에 간단한 스낵과 함께 즐겼다는 귀족 부
인들의 수다 문화에서 비롯된 애프터눈 티는 3단 접시에 샌드위치와
케이크, 스콘, 디저트와 함께 차가 나온다. 3단 접시에 나오는 티 푸드
를 먹는 것에도 순서가 있다. 맨 아래 있는 샌드위치로 먼저 시장기를
달래고, 중간 접시 스콘에 크림과 딸기잼을 곁들여 고소함과 달콤함
을 즐기고, 마지막 접시에 올려진 케이크 종류의 디저트를 차와 함께
마신다. 차는 각자의 취향에 따라 고르면 된다.

가장 무난한 것은 은은한 향의 얼 그레이다. 다즐링이나 잉글리시 브
랙퍼스트도 대중적이며, 홍차 외에도 각종 허브티와 녹차, 우롱차, 보
이차 같은 중국차도 있다. 애프터눈 티의 가격은 10파운드에서 50파
운드를 넘을 정도로 다양하다.

유서 깊은 곳에서 즐기는 여행자에게 허락된 작은 사치. 여행의 깊이
를 더해주는, 한번쯤 시도해볼만한 경험임에는 틀림없다.

오랑주리 애프터눈 티

Travel Tips

영국은 도시, 시골을 막론하고 크리스마스 마켓이 열리지만 런던, 바스, 코츠월드, 블레넘 궁전이 있는 옥스퍼드셔 코스가 대표적이다. 런던에서는 도심의 반짝이는 조명을, 바스에서는 느긋하게 온천을, 코츠월드에서는 전형적인 영국 시골의 낭만을, 옥스퍼드셔의 블레넘 궁전에서는 애프터눈 티와 함께 가족에게 선물할 기념품도 챙겨보자. 런던 중심가를 제외하고 오후 6시 이후에는 마켓이 끝나므로 시간에 유념할 것!

하얀 소금 사막에서
눈부시게 빛나는 나를 만나다
볼리비아 우유니
Uyuni

"세상의 어떤 힘도 인간의 영혼만큼
제국주의적이지는 못하다."
- 니코스 카잔차키스

소금 호텔

자연을 마주하는 일은 거울을 보는 일과 같다. 자연이 거대하고 단순할수록 껍데기는 사라지고 깊은 곳에 숨어있던 알맹이가 투명하게 드러난다. 그곳에서 만나는 나는 아주 작고 보잘것없는 존재 같기도 하지만, 아주 큰 하나의 우주 같기도 하다. 이런 깨달음을 주는 곳이 흔치 않기에 우유니는 거울 같은 매력으로 사람들을 끌어당긴다.

사막이든 호수든 광활하게 펼쳐진 풍경이야말로 나 자신을 잃고, 또 발견할 수 있는 공간이자 평소의 나와는 전혀 다른 누군가가 되어 볼수도 있는 곳. 불멸은 불가능하기에 단 며칠 동안이라도 그렇게 살아보고자 하는 건지도 모르겠다. 바다가 없는 내륙 국가 볼리비아는 바다 그 이상의 바다, 우유니를 가졌다.

독립운동 영웅 시몬 볼리바르(Simon Bolivar)의 나라, 볼리비아. 험준한 안데스산맥에 자리하고 있는 이 나라는 브라질, 파라과이, 아르헨티나, 페루, 칠레의 5개국으로 둘러싸인 내륙 국가이다. 우유니는 원래 바다였던 땅이다. 대륙판끼리의 커다란 충돌이 바다 아래의 땅을 하늘 가까이 솟구쳐 오르도록 만들었다. 고지대의 공기는 건조하다. 시간이 흐르면서 바닷물은 모두 증발하고 소금만 남아 땅 위를 평평하게 덮었다. 무려 100억 톤의 소금이 매장된 것으로 추정되는 이곳에서는 해마다 2만5천 톤에 이르는 소금이 생산된다. 그렇게 탄생한 소금 사막을 보기 위해 전 세계 여행자들이 찾아든다.

많은 여행지가 언제 가느냐에 따라 다른 모습을 보여주지만 우유니는 건기와 우기에 따라 전혀 다른 풍경이 펼쳐진다. 건기인 4월부터 10월까지는 물 한 방울 없이 거북이 등처럼 쩍쩍 갈라진 모습을 하고 있어 피하는 것이 좋다. 염도가 바다의 8배에 달하는 소금이 나오는 시기이기도 하다. 11월부터 3월까지는 우기로 적절한 양의 물이 고여 하얀 소금 사막과 파란 하늘이 거울처럼 반사되어 세상 어디서도 만날 수 없는 데칼코마니 풍경을 만들어낸다.

기암괴석과 붉은 호수,
온갖 희귀 동·식물을 만날 수 있는 곳

2박 3일에 걸쳐 칠레 국경 근처 산 페드로 데 아타카마(San Pedro de Atacama)를 향해가는 우유니 투어는 새하얀 소금 사막만 있는 것이 아니었다. 모래가 풀풀 날리는 황토빛 땅과 기암괴석, 붉은 호수, 꼭 대기에 만년설을 이고 있는 산들과, 귀여운 동물 라마와 분홍빛 플라 밍고 같은 희귀한 동식물도 만날 수 있다. 칠레 국경에 가까워지자 수 시로 굉음을 내며 물을 뿜어내는 간헐천과 노천 온천도 나타났다. 짧 은 시간 동안 이토록 버라이어티한 풍경을 보여주는 곳도 드물 것이 다. 중간에 숙소가 있으나 물도 나오지 않고 전기도 들어오지 않는 다. 그러나 아침에 일어나 문을 활짝 열고 나가면 눈 덮인 산과 귀여 운 라마들이 아침 인사를 건네는 세상에서 가장 근사한 숙소가 된다.

볼리비아 남서쪽 해발 3650미터에 위치한 세계 최대 규모의 이 소금 사막은 면적이 무려 서울과 경기도를 합친 것보다 크다. 사륜구동차 를 타고 가로지르며 달리다가 새하얀 사막 한가운데 차를 멈추고 조 심스레 발을 내딛었다. 투명한 거울 위에 서 있는 것만 같았다. 선글 라스를 끼지 않으면 눈이 멀어버릴 것 같은 하얀 풍경 앞에서 너나 할 것 없이 카메라 셔터를 눌러가며 인생 샷을 남기기에 분주했다. 소금 호텔을 둘러본 후 사막 한가운데 앉아서 맛본 라마 스테이크의 맛은 형언할 수 없을 정도! 조금 전만 해도 귀엽다고 머리를 쓰다듬었던 라 마가 입으로 들어가는 상황은 어쩔 수 없이 약간은 께름칙하지만 그 토록 부드러운 고기라니. 태어나 처음 맛보는 진미였다.

기암괴석

붉은 호수와 플라밍고

간헐천

우유니에서 차로 30분 거리에 위치한 콜차니 마을(Colchani)에는 기
념품을 판매하는 상점과 소금 박물관이 있다. 붉게 녹슬어 금방이라
도 무너질 듯 아슬아슬한 '기차 묘지'에서는 19세기 말 태평양 항구로
광물을 운반하는 수송 기차들의 흔적도 볼 수 있었다.

이른 아침 인사를 건네는 라마

피로를 말끔히 씻어주는 온천욕

덜컹거리는 지프를 타고 뜨거운 태양 아래를 달리는 동안 바라본 창 밖 풍경은 그야말로 드라마틱했다. 풍경도 풍경이지만 변화무쌍한 이국적인 향기를 열린 마음으로 느낄 수 있도록 해준 건 함께 차를 타고 2박 3일간 동고동락한 독일과 칠레에서 온 여행 친구들이었다. 세상의 구석구석, 골목골목, 길에서 답을 찾는 사람들을 만난다. 동에서 서로, 서에서 동으로 가는 길은 그들이 있어 외롭지 않았다.

우유니 여행 마지막 날, 칠레 국경을 넘기 전에 만난 노천 온천은 한 마디로 축복이었다. 전기도 들어오지 않고 물도 잘 나오지 않는 곳에서 제대로 씻지도 못한 채 며칠을 다니다가 만난 따스한 온천은 상상 밖의 즐거움을 안겨주었다. 탈의실도 변변치 않은 곳에서 사람들은 누가 보거나 말거나 한 겹 두 겹 둘렀던 옷을 벗어 던진 채 앞뒤 재지 않고 작은 노천 온천 속으로 뛰어들었다.

볼리비아의 자연은 거칠고 투박했지만, 곳곳에 반짝이는 보석들을 숨겨놓고 있었다. 지금 이 순간 그 속에 있는 자신을 상상하는 중이라면 더는 미루지 말고 떠나길 바란다. 코로나를 겪으며 우린 뼈저리게 깨닫지 않았던가. 소금 사막의 광활한 풍경 앞에 서면 삶에서 가장 중요한 것이 무엇인지 자연스럽게 알게 될 것이다.

칠레 국경 근처의 노천 온천

179

인간의 영혼만큼 제국주의적인 것은 없다

볼리비아에서 칠레 산티아고로 넘어가는 길. 현지인과 여행객을 태운 버스가 가다 서기를 반복하더니 결국 모두 내리라고 했다. 주민들의 파업으로 더 이상 차가 갈 수 없으니 국경을 걸어서 넘어야 한다는 것이었다. 심각한 사태는 아닌지 우려하는 우리들 앞에 나타난 볼리비아 사람들은 시위하는 건지 소풍을 나온 건지 구분되지 않을 만큼 마냥 평화로웠다.

일교차가 큰 건조한 날씨 탓에 새벽녘에 잠이 깨어 밖으로 나왔다. 어디선가 귀여운 안데스 라마들이 귀를 쫑긋 세운 채 굿모닝 인사를 건네 왔다. 순간 니코스 카잔차키스의 말이 떠올랐다.

"세상의 어떤 힘도 인간의 영혼만큼 제국주의적이지는 못하다.
영혼은 점유하기도 하고 점유를 당하지만 항상 제국이
너무 좁다고 느낀다.
답답해진 영혼은 자유롭게 숨쉬기 위해 전 세계를 정복한다."
─《영혼의 자서전》, 니코스 카잔차키스

소풍하듯 시위를 나온 사람들

우유니 소금 사막을 둘러보는 가장 좋은 방법은 현지 투어 프로그램을 이용하는 것이다. 우유니 시내에는 많은 여행사가 있다. 경쟁이 심한 만큼 차량의 상태, 가이드의 영어 소통 가능 여부 등을 잘 확인하고 선택하는 것이 좋다. 만일을 대비해서 투어 비용은 바우처를 받은 후 지불하고, 바우처는 투어가 끝날 때까지 잘 보관하도록 한다. 이동은 사륜 구동차로 하며 차량 기준으로 비용이 책정되므로 함께 투어 하는 사람이 많을수록 개인당 비용이 저렴해진다. 기사가 가이드를 겸하는 경우가 대부분이다. 당일 투어도 있지만 기왕 간 거, 3박 4일의 투어로 사막의 다양한 모습을 즐기기를 권한다. 숙소는 전기도 제대로 안 들어오고 샤워 시설도 거의 없지만 잠시 시끄러운 세상과 동떨어진 세계를 경험할 소중한 기회가 될 것이다.

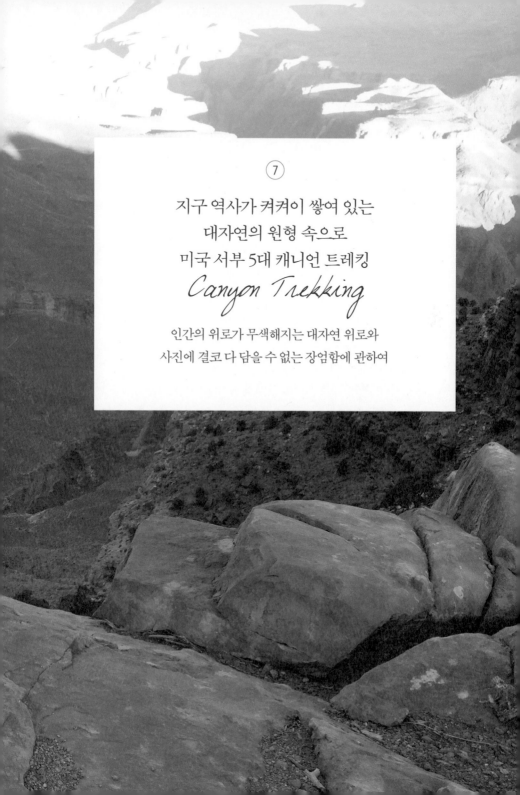

⑦

지구 역사가 켜켜이 쌓여 있는
대자연의 원형 속으로
미국 서부 5대 캐니언 트레킹
Canyon Trekking

인간의 위로가 무색해지는 대자연 위로와
사진에 결코 다 담을 수 없는 장엄함에 관하여

살면서 누구나 한 번쯤 꿈꾸는 로드 트립

보통 아메리칸 웨스트, 미국에서는 더 웨스트라 불리는 미국 서부는 미국의 건국 역사와 연관이 깊은 지역이다. 특히 '미국 여행의 꽃'이라 불리는 5대 캐니언이 몰려 있어, 넓은 평야, 산, 사막 등 웅장한 대자연의 아름다움을 일시에 경험할 수 있다.

세계인의 버킷 리스트 1번으로 꼽히는 그랜드 캐니언, 한 폭의 수묵화를 보는 듯한 브라이스 캐니언, 신의 정원 자이언 국립공원을 비롯해 수많은 영화의 배경이 된 모뉴먼트 밸리, 말발굽 모양의 호스슈 밴드, 오렌지색 판타지의 향연 앤텔로프 캐니언, 그리고 지구에서 영적 기운이 가장 세다는 세도나까지. 영화와 사진 등으로 떠나기도 전에 이미 너무나 자주 접했다 보니, 실제로 보면 그 장엄함과 신비로움, 거대한 스케일이 과연 얼마나 다가올까 하는 궁금증에서 찾게 되는 곳인지도 모르겠다. 황량하고 붉은 광야, 가도 가도 끝이 없을 것 같은 지평선, 그 속에서 인간의 손길을 뛰어넘는 신의 손길을 만날 수 있는 곳으로 향해 본다.

새벽 5시 숙소에서 트레킹 출발 지점까지 데려다 주는 셔틀 버스

세계인의 버킷 리스트 No.1
그랜드 캐니언(Grand Canyon) 트레킹

세계인들이 죽기 전에 가보고 싶어 하는 곳 1위로 꼽히는 그랜드 캐니언은 지질학의
보고, 자연사 박물관이라 불릴 정도로 원시적인 아름다움을 지닌 곳이다. 규모도 어
마어마해서 협곡의 길이가 무려 446킬로미터(서울에서 부산까지 거리보다 길다)에
깊이도 1600킬로미터에 달한다. 선사 시대 이후 20억 년에 걸쳐 지구의 역사를 아로
새긴 그랜드 캐니언은 미국 서부의 협곡 무리 중에서도 가장 장엄하고 아름답다. 지

각 변동에 의해 일대가 융기하면서 형성된 협곡은 지금 이 순간에도 침식이 계속되고 있다고. 하늘에서 보면 붉은색을 띠는 협곡이 마치 거대한 용이 꿈틀대는 것 같은 형상이다. 땅도 숨을 쉬는 생명체라는 사실이 감각적으로 와 닿는 순간이다. 그랜드 캐니언을 감상하는 방법은 여러 가지이다. 경비행기를 타고 하늘에서 내려다볼 수도 있고, 전망대에 올라 끝없이 펼쳐진 협곡을 바라보거나 대협곡 트레킹에 도전할 수도 있다.

복잡하게 파인 협곡과 칼로 자른 듯 우뚝 솟은 산, 깎아지른 절벽을 전망대에서만 보고 지나가기 아쉬워 하루 트레킹에 나섰다.

새벽 5시에 출발해서 저녁 7시까지 꼬박 14시간이 걸렸다. 특이하게도, 정상에서 시작해서 콜로라도강까지 내려갔다가 다시 지그재그로 걸어 되돌아 올라가는 28킬로미터의 여정은 한마디로 극한 체험이었다.

보통의 산행이 낮은 지대에서 출발해서 오르막을 올라가 정상을 정복하고 쉴멍 놀멍 내려오는 방식이라면 그랜드 캐니언 트레킹은 반대였다. 주차장이 있는 가장 높은 정상에서 출발해 콜로라도강이 있는 곳까지 내려갔다가 체력이 떨어질 무렵 다시 출발 지점인 정상까지 올라가야 했다. 올라가는 길은 평탄하지만 끝없이 이어지는 지그재그 길이었다. 이제 다 왔나 보다 하고 모퉁이를 돌면 다시 길고 긴 지그재그 길이 이어졌다. 마지막 구간이 특히 힘들었다. 함께 간 일행이 손가락 끝으로 등을 밀어주지 않았다면 아마도 어딘가에서 아무도 모르게 조난을 당했을지 모를 만큼 정신이 혼미해지는 트레킹이었다. 과연, 공중화장실에 "HIKE SMART 해마다 250명 이상이 조난을 당합니다. 똑똑한 트레킹을 하세요!"라는 팻말이 붙어있었다.

힘든 건 그때뿐, 지나고 나면 아름다운 추억이 되는 법! 그랜드 캐니언 트레킹 역시 힘들었던 만큼 잊지 못할 추억을 남겨주었다. 일출부터 한낮, 일몰까지 시시각각 황갈색, 회색, 초록색, 분홍색으로 변하는 조화와 대립 속에 드러나는 환상적인 협곡의 장관은 트레킹이 아니면 경험할 수 없었을 것이다. 숙소에 돌아오니 먼저 온 일행들이 저녁 식사를 하다 말고 열렬한 박수로 맞이해주었다. 초보 완주자를 향한 한없이 포근하고 따스한 격려. 산을 진짜로 좋아하는 사람들의 인자한 모습을 덤으로 만났다.

동트기 전 헤드 랜턴을 쓰고 출발해 한 시간 남짓 걸었을 무렵, 일출과 함께 서서히 모습을 드러내던 그랜드 캐니언의 장엄함이 무엇보다 인상적이었다. 손가락 끝으로 살짝 밀어주는 것만으로도 무척 큰 힘이 된다는 것도 알았다. 아찔한 바위 위에 앉아 대자연의 이야기를 듣던 순간도 영원히 잊지 못할 것 같다.

모뉴먼트 밸리 전경

압도적으로 방대한 큰 바위들의 도열,
모뉴먼트 밸리(Monument Valley)

유명세는 그랜드 캐니언이 우세하지만, 우리에게 좀 더 낯익은 풍
경은 모뉴먼트 밸리일지도 모르겠다. 모뉴먼트 밸리는 존 웨인 주
연의 〈역마차〉에서부터 클린트 이스트의 〈황야의 무법자〉 등 서
부 영화 외에도 〈스페이스 오디세이〉, 〈포레스트 검프〉, 〈델마와
루이스〉, 〈미션 임파서블 2〉, 〈트랜스포머〉 등 수많은 영화의 배
경이 된 곳이다.

일직선으로 곧게 뻗은 길을 따라 정신없이 달리다 보니 거대한 바
위산들이 기념비처럼 우뚝 서 있는 풍경이 등장했다. 영화 〈포레
스트 검프〉에서 지능이 조금 떨어지지만 성실하기 짝이 없는 주
인공이 세속적인 세상을 비웃기라도 하듯 달리고 또 달리던 바
로 그 길이다.

이 곳에 얽힌 이야기를 들으면 의미가 한층 더 깊이 다가온다. 미
국 개척 전쟁 이후 백인들에 의해 쫓겨난 아메리카 원주민인 나바
호족(Navajo)은 뉴멕시코 인근과 동부의 비옥한 지대, 척박한 모
뉴먼트 밸리 중 한 곳을 선택해야 하는 처지에 놓였다. 원주민들
은 일말의 주저함도 없이 그들의 성지인 모뉴먼트 밸리를 선택했
다고 한다.

투어는 태양의 기세가 한풀 꺾인 오후 5시경 시작되었다. 지프를 타고 모뉴먼트 밸리의 큰 바위 사이를 질주했다. 지프 위에 앉아 있는데도 말을 타고 달리는 서부 영화 속 주인공이 된 듯한 착각이 들었다. 영화에서처럼 궐련을 물고 장총을 든 거친 사내들이 어디선가 툭 튀어나올 것만 같았다. 인디언 여성이 덤덤한 표정으로 옥수수 가루를 빻았고, 나바호 인디언 가이드는 덤덤하면서도 자부심 가득한 얼굴로 그들의 유산에 관해 설명을 이어갔다. 장갑 모양, 코끼리 형상, 낙타를 닮고, 엄지손가락처럼 생긴 거대한 바위 형상들이 나올 때마다 일행들은 탄성을 질렀다.

1억6천만 년이라는 장구한 세월에 걸쳐 시간의 조각칼이 척박한 땅에 새겨놓은 위대한 흔적을 만나는 건 가슴 벅찬 일이었다. 단단한 사암으로 된 고원의 표면이 바람과 물에 침식되면서 약한 암석은 깎여나가고 단단한 부분만 남아 지금의 모습을 갖게 되었단다. 일련의 투어를 마치고 서부극의 장인 존 포드 감독이 자신의 영화 속 배경으로 애용했다는 장소, 존 포드 포인트에 다다랐다. 여행자들은 저마다 이 순간을 남기기 위해 카메라를 꺼내 들었다.

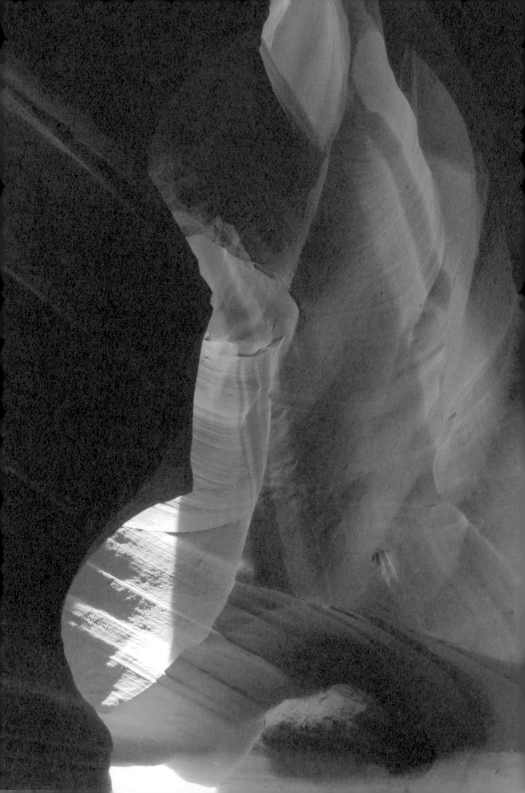

오렌지 빛 판타지 세상,
앤텔로프 캐니언(Antelope Canyon)

앤텔로프란 사슴처럼 생긴 동물의 일종인 '영양'을 뜻한다고 하는데 왜 이런 이름이 붙었는지는 알 수 없지만 콜로라도강의 물줄기가 흘러서 만들어냈다는 이 근사한 협곡은 지금도 비가 많이 내리는 날엔 캐니언 안으로 물이 가득차서 흘러내린다고 한다. 어퍼(Upper)와 로우어(Lower)캐니언으로 나뉘며, 로우어 캐니언의 경우 중간에 사다리를 타고 오르락내리락해야 하는 구간이 있는데다 파도처럼 굽이쳐 흐르는 내부의 길은 빛조차 들어오기 힘들 정도로 매우 비좁은 공간이라서 반드시 가이드와 동행해야 한다. 빛의 마법에 사로잡혀 사진 찍기에 몰두하다 보면 길을 잃을 수도 있으니 조심해야 한다.

197

빛이 동굴 속 협곡과 맞물려 마치 도자기를 빚어낸 듯 오묘하고 환상적인 매력을 지닌 앤텔로프 캐니언을 나바호족의 안내로 탐험했다. 물과 공기, 바람이 수천 년 동안 만들어낸 아름다운 작품 앤텔로프 캐니언은 주로 홍수, 부차적으로는 대기와 빗물의 영향을 받아 형성되었다고 한다. 균열에 의해 비탈이 만들어지면 그곳이 수로가 되어 물이 흘러 들어가 침식 작용이 이뤄지고, 그 결과 지금의 좁고 깊은 협곡이 만들어졌다. 협곡에서는 지금도 홍수로 인한 범람이 발생한다.

애리조나 사막 위에 놓인 이 붉은 사암 덩어리는 빛이 들어오고 나감에 따라 시시각각 색을 달리했다. 이곳이 한때 바다였다는 설명 때문일까. 분명 땅을 걷고 있는데 마치 파도를 타며 서핑을 하는 듯 착각에 빠질 정도로 몽환적이었다. 오렌지색 커튼을 헤집듯이 안쪽으로 들어가다 보면 왜 이곳이 전 세계 사진작가들의 로망으로 자리 잡고 있는지 저절로 이해가 갈 것이다.

한편의 수묵화 같은
브라이스 캐니언(Bryce Canyon)

브라이스 캐니언은 수만 개의 섬세한 첨탑으로 이루어져 있다. 바다 밑에 있을 때 토사가 쌓여 형성되었던 암석이 지상에 우뚝 솟은 후 흐르는 물의 힘으로 다시 토사로 흘러 내려가는 과정이 일어나는데, 그 중 침식되지 않은 단단한 암석이 수많은 첨탑처럼 서 있게 된 것이다. '후두'는 바다 밑에 쌓여 있던 모래와 흙이 솟아 이뤄진 첨탑을 말한다. 브라이스 캐니언의 후두는 무려 1만8천여 개에 이른단다. 신의 섬세한 손길이 닿은 듯 붉은 후두를 감상할 수 있는 브라이스 캐니언은 신비로운 자연의 결정체라 하기에 손색이 없다. 좁은 오솔길을 따라 펼쳐진 붉은 첨탑의 향연을 만끽하며 가볍게 걸을 수 있는 코스이다.

천사들이 내려앉은 깎아지른 절벽 위를 걷는
자이언 캐니언(Zion Canyon)

브라이스 캐니언이 섬세한 첨탑 계곡이라면, 자이언 캐니언은 화성 암의 거대하고 묵직한 아름다움이 느껴지는 곳이다. 초입에 들어서 자마자 압도적인 높이의 화강암 바위가 벽처럼 눈앞을 막아선다. 그 리고 그 속에서 마치 작은 점처럼 움직이는 것, 바로 암벽 등반을 하 는 사람이었다. 어떤 이에겐 "한 번뿐인 생이기에" 위험을 무릅쓰고 라도 올라야 하는 도전이겠지만 대부분의 사람들에겐 목숨 걸고 하 는 등반은 이해가 되지 않을 법도 하다. 문득 어느 자동차 광고가 떠 올랐다. 암벽 등반을 하는 도중 매달려 도시락을 먹는 사람을 모델로 한 그 광고는 "단 한 번뿐인 생이기에" 당신이 하고픈 암벽 등반도 하 고, 그 차도 타보라고 말하고 있었다.

국립공원은 파란 하늘 사이로 우뚝 솟아있는 겹겹의 산과 그 아래 햇 살에 반짝이는 나뭇잎, 눈부신 강과 더불어 과연 '신들의 정원'이라 불리기에 손색이 없어 보였다. 사암의 두께가 무려 450~600미터에 이르는 웅장한 아름다움을 뿜내는 곳. 깎아지른 절벽은 암벽 등반을 하는 사람들과 더불어 긴장을 자아내고, 강을 따라 펼쳐진 넓은 국립 공원엔 아이들의 웃음소리로 가득했다. 앤젤스 랜딩 트레일(Angels Landing Trail)을 걸으며 천사들의 흔적을 찾아봐도 좋고, 평화로운 강가를 거닐거나, 강물 속에 발을 담그고 잠시 쉬어보는 것도 좋겠다. 국립공원 입구 마을에 있는 아기자기한 가게들과 개성 있는 예술작 품을 감상하는 시간도 좋았다.

로드 트립의 상징 'Route 66'

미국은 로드 트립의 성지다. 쭉 뻗은 도로와 다양한 렌터카 서비스, 저렴한 기름 값은 자동차 여행에 최적화되어 있다. 미국 동부와 서부를 연결했던 유일한 도로이자 최초의 대륙 횡단 도로였던 '루트 66'은 미국인들에게 서부 개척과 여행이라는 꿈을 심어준 길로 '마더 로드'라고도 불린다. 유타주에서 캘리포니아, 애리조나주까지 도시마다 색다른 문화를 경험할 수 있고 도시를 벗어나면 거대한 자연을 만날 수 있는 매력적인 여행길이다. 세계의 수많은 개척자, 몽상가, 카우보이들이 지났던 길을 달려볼 수 있는 여행. 〈죽기 전에 가야 할 세계 휴양지 1001〉에서 크리스 모스는 "애리조나 사막의 매력적인 한 귀퉁이는 한 번이라도 카우보이 영화를 본 적이 있는 사람이라면 매우 친근하게 느껴질 것"이라고 말했다. 실제로 길가에 자리한 레스토랑과 모텔이 마치 박물관처럼 다가오는 느낌을 경험할 수 있다.

Travel Tips

미국 서부 5대 캐니언 트레킹은 세도나에서 시작해 자이언 캐니언으로 이어진다. 대략적인 루트는 다음과 같다.

* 인천-로스앤젤레스-라플린-세도나-투사얀-그랜드 캐니언-모뉴먼트 밸리-페이지-호스슈 밴드-앤
   텔로프 캐니언-브라이스 캐니언-자이언 캐니언-라스베이거스-인천

백사막의 야영과
나일강 펠루카 투어

Egypt

"나일강 물을 먹은 사람은 반드시 나일강으로 돌아온다."

– 이집트 속담

아스완(Aswan)에서 만난 남자들

카이로에서 아스완까지 야간 기차를 탔다. 밤 10시에 탄 기차는 다음 날 오전 10시 반, 아스완역에 내려주었다. 기차 여행을 워낙 좋아해서 긴 여정의 중간중간 숙소에서 자는 대신 밤 기차를 탄다. 시간과 비용도 절약되고 기차의 낭만도 즐길 수 있어서 언제나 환영이다.

기차에서 내려 아신 호텔로 가는 동안 마주친 아스완의 첫 느낌. 남자는 자유분방, 여자는 검은 부르카(Burka) • 차림의 답답함으로 다가왔다. 이곳에서 여성은 카페도 출입하지 못한다. 길가에 줄지어 선 많은 카페에는 남자들만이 앉아 신문을 읽거나 차를 마시며 시샤(물담배) • 를 피고 있다. 어딜 가든 카페를 찾아가는 카페 퍼슨(Cafe person)인 나는 남자들이 제아무리 진을 치고 카페를 점령하고 있다고 한들 뚜벅뚜벅 훅-치고 들어갔다.

주인을 비롯해 앉아있던 남자들의 시선이 일시에 몰렸다. "앗, 여자는 못 들어오는
데?", "외국인이니 어쩔 수 없지!" 순간적으로 그들 사이에서 여러 표정이 교차했다.
무심한 듯 앉아 시샤와 차, 간단한 아침 빵을 주문했다. 아니나 다를까. 남자들이 이
리저리 눈치를 보더니 조심스레 어디서 왔냐며 말을 붙였다. 한국에서 왔다니 수다
가 늘어졌다. 급기야 가야 한다며 일어서는데 사진을 찍자며 이상한 포즈를 취했다.
야구공을 받는 동작처럼 보였다. 영문도 모른 채 이 나라에선 이런 포즈로 사진을 찍
나보다 했다. 알고 보니 〈무한도전〉에서 출연자들이 '무한도전'을 외칠 때 하는 액션
이었다.

● 무슬림 여성들이 착용하는 의복으로 신체의 어느 만큼을 가리느냐에 따라 다양한 명칭으로 불린다. 부르카는 신체 전체를
  가리는 옷으로, 시야 확보가 필요한 눈 부위만 망사로 되어 있거나 살짝 보이기도 한다.
● 항아리처럼 생긴 담배통 바닥에 깔린 물로 연기를 걸러 빨아들이면서 피는 담배의 하나이다. 500년 전 인도에서 전해
  진 이래 주로 금주 국가인 아랍 문화권 사람들이 장시간 수다를 떨 때 남녀노소 구분없이 즐긴다. 사과향, 체리향 등 다
  양한 맛이 있다.

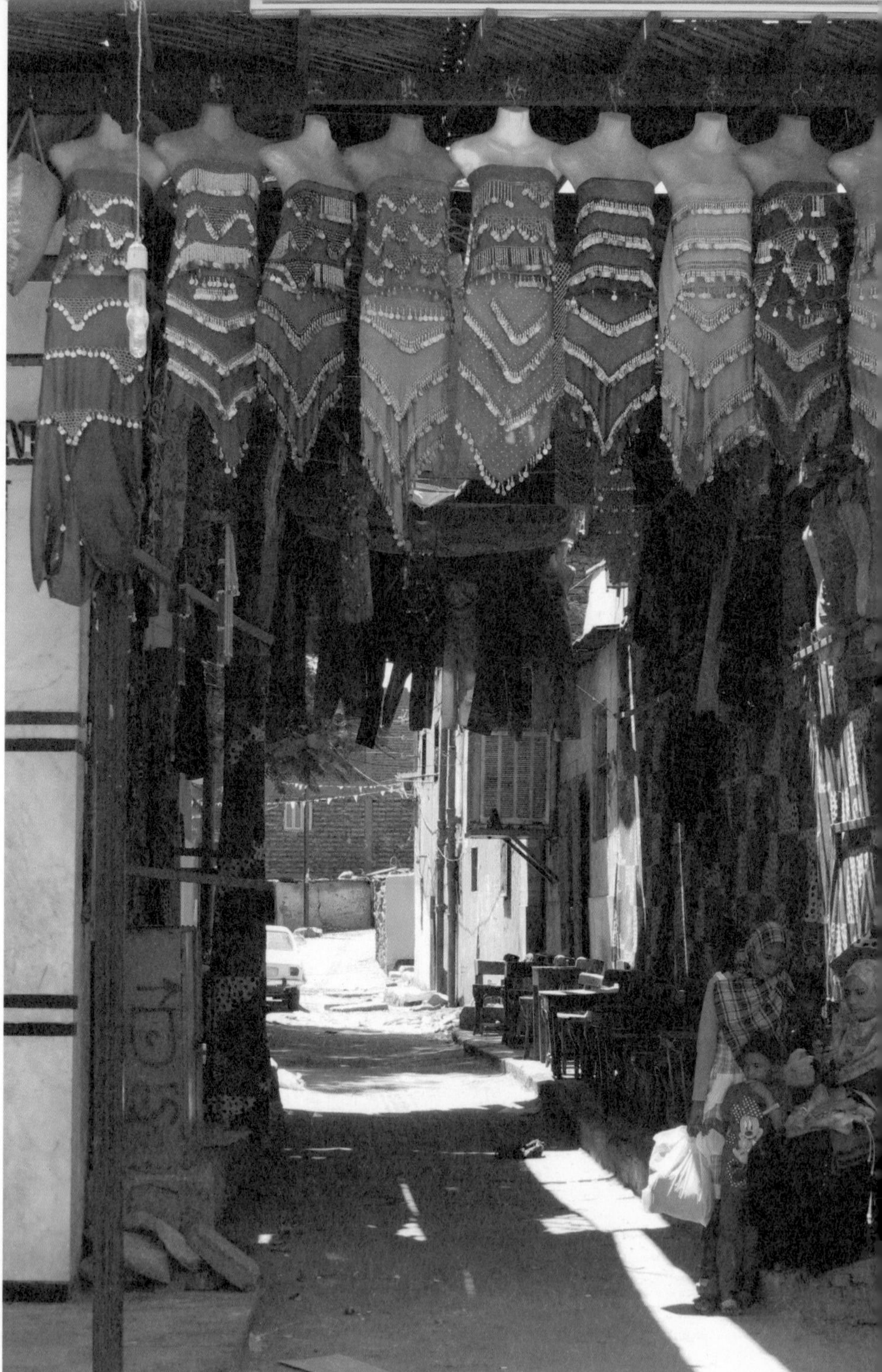

이집트 최남단 도시 아스완은 오랜 세월 아프리카의 도시들이 다른 나라로 이동하기 위해 들르는 관문이자, 고대 대상 루트의 교차점으로 번영했던 곳이다. 이집트 다른 지역과 비교할 때 사원과 유적이 잘 보존되어 있다거나 특별히 인상적이거나 하진 않지만 많은 여행자가 아스완을 찾는다. 바로 펠루카를 타기 위해서.

펠루카(Felucca) 타고 나일강 여행

비가 별로 내리지 않는 이집트에서 나일강은 그야말로 모든 것을 가능하게 하는 어머니의 강이다. '나일강 물을 먹은 사람은 반드시 나일강으로 다시 돌아온다'는 속담이 있을 정도이다. 이집트, 하면 으레 피라미드가 떠오르지만 그것은 이집트 여행의 일부일뿐, 나일강변의 정취와 현지인들의 문화를 여유롭게 즐기는 펠루카 크루즈는 이집트에서만 맛볼 수 있는 색다른 여행이다.

펠루카는 돛단배처럼 생겼다. 이집트와 수단 등지에서 타는 전통 목조 범선으로 삼각형 모양의 1~2개의 돛을 달고 바람의 힘을 이용해 움직인다. 보통 10여 명의 승객과 2~3명의 선장과 조수가 탑승한다. 이 배는 나일강을 생활 터전으로 살아가는 이집트인들의 생활 필수품을 실어 나르거나, 강을 따라 유람하고픈 여행자들을 태운다. 투어 종류도 다양하다. 1시간 맛보기 상품은 해 질 무렵 1시간 정도 엘레판티네섬(Elephantine)을 돌고, 1박 2일 코스는 콤 옴보(Kom Ombo)까지, 2박 3일 코스는 에드푸(Edfu)까지 배를 타고 이동하며 나일강을 구석구석 즐기게 된다.

아스완에서 콤 옴보까지 1박 2일 펠루카 투어를 했다. 배 안에서 딱히 무엇을 한다기보다 그저 여유롭게 나일강의 정취를 즐기는 것이 목적이었다. 펠루카 하나를 2~3명이 전세 내기에는 비용 부담이 크므로 다른 여행객과 합류하는 것이 경제적이다. 배에서 잠을 자는 일정인데, 이른 아침 펠루카 요트 위에서 맞이하는 일출과 일몰은 낭만을 아는 이들에게 적극 추천하고 싶을 정도로 운치가 있었다.

일단 펠루카 위에 오른 다음부터는 그곳에서 모든 일을 해결한다. 나일강 물로 고양이 세수하기는 기본, 설거지, 화장실 용무도 마찬가지이다. 보통 하루 한두 번 정도 정박하는데 다들 소리 없이 사라졌다가 만족스러운 미소를 지으며 나타나는 모습을 보면 이것이 여행의 묘미이지 싶다. 저녁에는 캠프파이어가 벌어졌다. 선원들은 이집트 전통 노래와 춤으로 관광객들의 흥을 돋워 주었다.

펠루카 위에서 손을 내밀면 나일강이 만져졌다. 푸른 물결이 넘실거리는 나일강과 그 주변으로 군데군데 떠 있는 예쁜 모래 언덕의 섬들. 하얀 돛을 쫙 펼치고 나일강을 미 끄러지듯 달리는 펠루카들. 해 질 무렵 나일강을 따라가는 펠루카의 광경은 어떤 여 행지보다 아름다운 추억으로 남아 있다.

문화 속의 또 다른 문화
누비안(Nubian)과의 만남

아스완은 나일강 상류의 국경 도시이다. 아스완에서 남쪽 수단 국경 까지는 사막 지대이다. 고대 이집트인들은 이 사막 지대를 황금의 교 통로라는 의미로 누비아라 불렀다. 누비안이란 이름은 이집트 남쪽 나일강을 따라서 드문드문 정착하던 누비아의 최초의 거주자에게 붙 여진 이름이다. 옛 누비아인들의 삶은 지금도 강변에 낱낱이 녹아 있 었다. 긴 세월 외국의 정복자들과 상인들이 누비아를 지나가면서 누 비안과 결혼하고 때때로 정착으로도 이어졌다. 17~18세기 북부 아프 리카 여러 나라를 침입한 아랍인들은 소수였던 누비안 집단을 흡수 해 버렸다. 이후 약 35만 명의 누비안은 아랍 문화, 언어, 종교에 영향 을 받으며 아랍화 되어갔고, 그들은 아스완의 콤 옴보 지역에서 아랍 어 방언을 사용하며 살고 있다고 한다.

펠루카 투어 중간에 엘레판티네섬에 있는 누비안 마을에 들렀다. 아스완 하이댐 건설로 살던 지역이 수몰되는 바람에 이곳으로 이주했단다. 그들은 누비아족 전통의 생활 양식을 그대로 유지하며, 이를 관광 자원으로 활용해 숙박 업소, 식당, 수공예품점 등을 운영하고 있었다.

검은색 피부에 곱슬머리인 누비아인들은 이집트 북부 사람들과 외모부터 달랐다. 골목에서 만나는 누비아 사람들의 삶터는 소담스러웠다. 마을에 들어서자 물담배 시샤를 피는 남자들이 평화로운 얼굴로 여행자들을 반겼다. 물놀이를 하다 나온 아이들의 호기심 가득한 눈망울이 마음의 때를 다 씻어주는 듯하고, 이국적인 여인의 미소가 싱그러웠다. 선생님으로 보이는 누비안이 나를 교실로 안내하더니 자기네 언어로 내 이름을 써주었다.

으리으리한 고대 신전도 좋지만 현지인의 삶이 고스란히 살아있는 동네 탐험이 더 좋다. 오래 남는 기억은 여행 책자에 나오는 명소보다는 이름 모를 어느 골목에서 만난 현지인의 표정일 때가 더 많았다.

진짜 여행을 만드는 것,
그곳에서만 할 수 있는 체험들

펠루카 투어와 함께 이집트에서 꼭 해봐야 할 체험은 바하리야사막에서의 야영이다. 카이로에서 차로 5시간 거리에 있는 바하리야는 우리가 일반적으로 사막하면 떠오르는 모래사막과는 전혀 다른 모습으로 고정관념을 깨부순다. 바하리야 사막은 풍화를 견뎌낸 기묘한 형태의 석회석이 조화를 이룬 백사막(White desert)과 검은 피라미드 같은 흑사막(Black desert), 크리스털 사막 등 다채로운 모습을 품고 있다.

사막 야영이 포함된, 아랍 유목민인 베두인족(Bedouin)의 일상을 가까이에서 볼 수 있는 1박 2일의 사파리 투어에 나섰다. 카이로 투르고만 버스 터미널에서 8시에 출발해 바하리야로 가는 버스를 탔다. 복잡한 카이로를 벗어나 남서쪽으로 외롭게 뻗어있는 링크 브릿지를 달렸다. 어느덧 풀빛이 사라지고 거짓말처럼 사막이 펼쳐졌다. 달려도 달려도 끝이 없을 것 같던 모래벌판이 끝나자 마치 신기루처럼 마을이 나타났다. 사막 투어의 관문 바하리야 오아시스였다.

마을 입구에 들어서자 까만 피부에 새하얀 웃음을 가진 아이들이 둘, 셋 짝을 지어 손을 흔들었다. 광야를 달려와 만난 아이들이 마냥 반갑기만 했다. 식당에 들러 간단히 점심을 해결하고 마을을 둘러봤다. 사막 캠핑에 필요한 음료와 과일, 땔감 등을 구입할 수 있는 작은 가게와 소박한 여행자 숙소가 보였다.

태양이 오아시스까지 말려버릴 기세로 대지를 뜨겁게 달구는 시간, 마을의 작은 모스크에서는 예배가 한창이었다. 본당은 할아버지와 아버지, 아들들로 가득했다. 모스크 구석에 여성들을 위한 작은 방이 마련돼 있지만 예배가 끝날 때까지 아무도 나타나지 않았다. 모스크로 올라가는 길목의 작은 과일 가게에는 열 살 남짓한 두 자매가 아빠와 오빠를 기다리며 손님들을 맞이하고 있었다.

베두인 가이드가 사륜구동차 지붕 위에 밧줄로 둘둘 묶은 텐트와 매트리스, 이불 등을 싣고 나타났다. 베두인족은 본래 사막 가장 가까이에 살며 염소, 낙타 등을 사육하며 생계를 유지하는 유목민이었으나, 최근에는 그들의 삶 자체가 관광 상품이 되면서 가이드, 운전사, 요리사로 활동하며 정착해서 살아가는 경우가 많다고 한다.
바하리야 오아시스에서 사륜구동차를 타고 1시간 반가량 달리자 군데군데 솟아난 흑사막이 펼쳐졌다. 볼캐닉 마운틴(Volcanic Mountain)이라 불리는 검은 모래산이 생소했다. 화산재가 굳어서 형성된 지형이라 모래에 철광석 성분이 많이 함유되어 있어서 검은빛을 띤단다.
볼캐닉 마운틴은 경사가 제법 있어서 30분 정도 올라야 정상에 닿을 수 있었다. 정상에서 내려다보는 기기묘묘한 흑사막의 풍광이 낯설었다. 흑사막에 올라 멋지게 포즈를 취하고 돌 하나를 쌓아 올리며 소원도 빌었다.

비포장도로와 아스팔트 도로를 번갈아 가며 1시간 정도 달리자 신기한 모양의 하얀 바위들과 하얀 파도가 휩쓸고 지나간 듯한 백사막이 나타났다. 백사막 역시 흑사막만큼이나 우리가 통상 떠올리는 사막이 아니었다. 폭설이 내린 듯 새하얀 그곳에는 버섯 모양, 낙타 모양, 새, 말 모양의 석회암이 신비롭게 늘어서 있었다. 어떻게 이런 사막이 가능하지? 비밀은 이곳이 오래전 바다였다는 데 있었다. 바다였다가 물이 빠져나가면서 조개껍데기의 석회질 성분이 사막을 덮어 하얗게 된 땅 위에 우리가 서 있는 것이다.

바하리야(Bahariya) 백사막에서의 야영
사막여우와 잃어버린 샌들, 이것이 비박!

해 질 무렵 도착한 백사막은 붉은빛으로 가득했다. 베두인 사내가 모닥불을 피우고 그 주위에 준비해온 카펫을 깔고 텐트를 쳤다. 모닥불에서는 새콤한 소스가 입혀진 닭이 구워졌고 투박하게 깎은 감자와 토마토가 익숙한 현지인의 손놀림에 춤을 추었다. 사막 투어의 하이라이트, 베두인 전통 요리로 저녁 식사가 차려졌다. 밥은 설익고 야채 볶음에서는 모래가 서걱거렸지만 사막과 모닥불이 만들어내는 이국적인 판타지에 5성급 호텔 식사도 부럽지 않았다.

과일까지 먹고 나자 흥겨운 축제가 한바탕 벌어졌다. 시간이 멈춘 듯 고요하던 사막이 어느새 청명한 북소리들로 채워졌다. 북소리에 맞춰 노래를 주고받다 보면 건너편 텐트에서 울리는 북소리가 깜깜한 하늘을 지나 내 귀에까지 와 닿았다.

사막이라 하면 쏟아지는 별밤을 상상하기 쉽다. 그러나 실상 사막에서 별밤을 만나는 건 흔한 일이 아니다. 사막에도 흐린 날이 있고 보름달이 뜨는 날도 있다. 나머지 이야기는 대부분 과장이다. 지금껏 여행하면서 은하수를 본 것은 몽골, 키르기스스탄, 파키스탄, 뉴질랜드 남섬, 마다가스카르 정도였다. 이집트 백사막에선 보지 못했다.

동화 같은 순간 등장한 동화 같은 손님은 바로 《어린 왕자》에 등장하는 사막여우였다. 작은 얼굴에 얼굴 크기만 한 귀를 쫑긋 세운 사막여우는 이야기 속 느낌과는 달리 음식을 얻어먹으러 온 듯 어딘지 모르게 처량했다. 동화와 현실의 차이. 베두인 사내가 "저놈이 신발이고 뭐고 다 물어가니 모든 짐은 하나도 빠짐없이 차 안에 넣어둬야 한다"고 경고하고 또 경고했건만. 샌들을 벗어두고 잠든 나는 여지없이 한쪽 샌들을 잃어버렸다. 베두인 오아시스로 다시 돌아왔을 때, 가이드가 낡은 슬리퍼들이 담긴 통을 보여주며 마음에 드는 걸 골라 신으라고 했다. 그렇게 낡은 슬리퍼의 추억을 안고 다시 카이로로 돌아왔다.

사막여우

돌아와서도 한참 기억나던 장면이 있다. 서걱이는 모래에 눈을 떠보니 주변은 하얀 바위들로 둘러싸여 있고 나는 《아라비안나이트》에 나왔을 법한 카펫 위에 있었다. 꿈인 듯 깨어 주변을 둘러보니 새하얀 사막 위에 마치 파란 돌 검은 돌 같은 것들이 놓여 있었다. 오직 침낭만 돌돌 말고 깊은 잠에 빠진 여행자들이었다. 이것이야말로 진정한 비박이라는 생각이 들었다.

이집트 백사막에서의 비박

Travel Tips

대한항공이 인천에서 타슈켄트를 경유해 이집트 카이로로 가는 항공편을 운항한다. 추천 여정은
이렇다.

* 인천-카이로(아스완까지 야간기차 12시간 30분 소요)-아스완(콤 옴보까지 1박 2일 펠루카 투어)-누
  비안 마을-콤 옴보-룩소르(야간기차 10시간 소요)-카이로 도착-바하리야(1박 2일 사막 야영)-카이로

세상의 중심에 닿는 꿈
호주 아웃백 울루루

Uluru

"'자유로워지다'라는 것은 설령 그것이
잠시 동안의 환상에 그친다 하더라도
무엇과도 바꿀 수 없는 멋진 것이다."

– 무라카미 하루키

아프리카보다 더 거칠고 혹독한 땅

세상의 수많은 장소 중 하필 그곳이 선택된 데는 그만한 이야기가 숨어 있다. 일본 영화 〈세상의 중심에서 사랑을 외치다〉로 더욱 유명해진 울루루는 백혈병으로 죽어가는 소녀가 생의 마지막 순간까지 꼭 가고 싶어 했던 꿈의 장소였다. 그의 갈망을 대신 풀어주기라도 하려는 듯 매해 백만 명이나 되는 사람들이 전 세계에서 이곳을 찾아온다.

《빌 브라이슨의 대단한 호주 여행기》에는 호주가 이렇게 묘사되고 있다.

"오스트레일리아 내륙 지방에 대해 과장이란 있을 수 없으며, 19세기 탐험가들이 느꼈던 표현할 수 없는 더위와 끊임없는 물 부족, 고난은 지금도 별반 달라진 게 없다."

정말 그랬다. 멜버른에서 시작해 그레이트 오션 로드, 애들레이드, 앨리스 스프링스
를 거쳐 울루루에서 2박 3일의 아웃백 캠핑을 한 뒤 서호주의 주도 퍼스, 몽키 마이
어, 웨이브 록, 프리맨틀을 거치는 한 달의 여정은 아프리카 여행 저리 가라 할 만큼
의 혹독함 자체였다. 해가 떠오르면 40도가 넘는 가혹한 더위와 파리 떼에 시달려야
했고, 날이 흐리면 세찬 바람과 장대비, 천둥 번개까지 쳤다. 호주를 시드니 정도로 생
각하는 이들에게 서호주나 남호주, 특히 아웃백의 정점 울루루가 있는 센트럴 호주
는 상상조차 되지 않을 것이다.

세상의 중심으로 들어가는 관문,
앨리스 스프링스(Alice Springs)

울루루로 가는 방법은 다양하다. 호주의 동서남북 주요 도시에서 센트럴 호주의 주도이자 울루루로 가는 관문, 앨리스 스프링스로 연결된다. 앨리스에서 시작하는 아웃백 투어에 참여할 수도 있고, 보다 더 편리한 여행을 원한다면 울루루 바로 앞에 위치한 에어즈 록 공항에 내려 인근 호텔이나 리조트에 머물며 하루 이틀 주변을 돌아볼 수도 있다. 나는 앨리스 스프링스 부터 울루루까지 2박 3일에 걸쳐 돌아보는 아웃백 캠핑을 하기로 결정했다.

울루루 여행을 계획할 때 주변에서 들려준 대부분의 정보는 매우 더운 곳이니 반드시 열사병 약을 준비하고, 모기 방지약을 뿌려야 하며, 파리가 떼로 날아드니 망이 달린 모자를 써야 한다는 것이었다. 실제로 앨리스 스프링스에 도착해서 보니 40도가 넘는 기온에 선글라스를 안 쓰면 눈이 타버릴 것처럼 뜨거웠다. 울루루 캠핑 예약 사항을 확인하려고 앨리스 스프링스 시내를 잠시 걸었을 뿐인데도 온몸이 땀에 흠뻑 젖어버렸다.

스웨그(침낭)를 싣고 달리는 캠핑카

시시각각 마법의 색깔로 변신하는 울루루

1872년, 탐험가 어니스트 길스(Ernest Giles)가 발견했고 호주 초대 수상인 헨리 에어즈(Henry Ayers)의 이름을 따서 '에어즈 록'이라고 부르기도 하지만, 울루루 근처 원주민 아난구족(Anangu)의 언어인 '울루루'로 부르는 게 일반적이다. 특히 울루루는 오스트레일리아 원주민인 애버리진의 성지로서 의미가 크다.

'지구의 배꼽'이라는 별칭처럼 울루루는 호주 대륙 한가운데에 있다. 가장 가까운 대도시인 앨리스 스프링스로부터 남서쪽으로 400킬로미터 지점에 섬처럼 고립된 채 우뚝 서 있다. 약 5억 년 전, 거대한 지각운동에 의해 바다였던 곳이 융기한 세계 최대의 바윗덩어리로, 해발 고도 867미터, 바다에서의 높이는 330미터로 에펠탑보다도 높다. 둘레는 무려 8.8킬로미터에 달해 한 바퀴를 도는 데만 서너 시간이 걸린다. 그러나 지상으로 드러난 건 3분의 1일 뿐. 땅 밑에 나머지가 묻혀 있다니, 세계에서 가장 크다는 저 바위도 말 그대로 '빙산의 일각'에 불과할 뿐이다.

울루루는 사암으로 이뤄져 있다. 사암은 보통 회색인데, 산화 과정을 거친 울루루는 붉은색을 띠고 있다. 암석 표면은 미세한 홈으로 뒤덮여 있으며 측면은 동굴처럼 깊은 홈이 파져 있다. 내가 갔을 땐 비가 내리고 있었다. 측면의 홈을 따라 폭포가 형성되어 마치 붉은색 표면에 검은 혈관이 흐르는 것처럼 흘렀다. 사막에 내리는 비라니, 신기하다 여겼는데 나중에 자료를 보니 이곳에 비가 내리는 건 그리 드문 일이 아니란다.

해가 뜨면 마치 활활 타오르는 불처럼 보이는 붉은 사암질의 바위는 계절과 시간에 따라 마법을 부리듯 다양한 색상으로 변해갔다. 일출 무렵엔 오렌지색, 이른 아침에는 적갈색, 정오에는 호박색, 해질 무렵에는 짙은 선홍색. 시시각각 바뀌는 바위의 빛깔이 장관이라 이곳을 방문한 사람들은 온종일 주변에 머물며 바위의 이쪽저쪽을 탐험하며 색의 변화를 즐긴다. 바위 주변으로 킹 브라운 스네이크, 웨스턴 브라운 같은 독사가 서식하므로 걸을 때 주의해야 한다.

바위 둘레에 난 길을 따라 돌다가 정상으로 올라가는 길을 발견했다. 마치 신성한 원주민의 살에 철심이라도 박은 듯 잔혹하고 위험해 보였다. 울루루 여행기를 읽다 보면 간혹 정상에 오른 것을 자랑으로 여기는 이들을 꽤 볼 수 있었다. 목숨을 담보한 위험한 행위이기도 하거니와 원주민들을 신성한 곳을 발로 밟는 무례한 행위가 아닐 수 없다. 이런 사고를 미연에 방지하고 성지를 보존하기 위해 2019년 10월 26일부터 울루루 등반은 전면 금지되었다.

카타튜타 국립공원(Kata Tjuṯa National Park)
킹스 캐니언(Kings Canyon) 트레킹

2박 3일의 투어 일정에는 울루루 탐험 외에도 카타튜타 국립공원과 킹스 캐니언 탐험이 포함되어 있었다. 첫째 날엔 울루루, 둘째 날엔 카타튜타 국립공원, 돌아오는 길엔 킹스 캐니언에 들르는 것이 일반적인 코스다.

1958년 호주 정부가 울루루와 카타튜타를 호주 국립공원으로 지정하자 토지를 소유한 원주민 아그난족이 토지반환 소송을 제기했다. 여러 차례 협상 끝에 2084년까지 이 지역을 호주 정부에 임대하는 것으로 합의가 됐다고 한다. 울루루와 함께 유네스코 세계자연유산에 등재된 카타튜타(1069미터)는 '머리가 많다'는 뜻으로, 이름처럼 다채로운 36개의 바위가 모여 산을 이루고 있다.

킹스 캐니언은 웅장한 협곡을 내려다볼 수 있는 장거리 코스와 협곡을 따라 산책하는 단거리 코스로 나뉜다. 미국 서부의 그랜드 캐니언을 연상케 하는 이곳은 애버리진의 터전답게 곳곳에 원주민의 흔적이 남아 있었다. 내가 갔을 땐 비가 많이 내려 일부 코스는 걸을 수 없었고 길이 유실되기까지 했다. 캠핑카에서 짐을 다 내리고 걸어서 강을 건너는 진풍경이 벌어졌다. 자고 일어나면 밤새 내린 비가 스웨그(Swag, 비박을 위한 침낭이 포함된 작은 텐트)를 일컫는다. 젖은 스웨그는 투어 차량 지붕에 얹고 다니며 낮 동안 말려서 썼다.

아프리카 오버 랜드 트레킹 맨 드라이버, 조수, 요리사 3인이 한 조였다. 호주 아웃백 투어 가이드는 여성이 많고, 한 사람이 1인 3역을 거뜬히 해냈다. 장시간의 운전, 요리, 트레킹 가이드까지 해내는 그녀들이 내 눈엔 진정한 아마조네스(Amazones, 그리스로마 신화의 여전사)처럼 보였다.

사막에 내리던 비 그리고
《인사이드 트랙(Inside tracks)》

애버리진의 신성한 바위를 조금이라도 느껴보기 위해 땡볕 속을 걸었다. 더위와 파리 떼의 습격에 대비해 머리엔 양파망처럼 생긴 망을 덮었다. 가시투성이의 덤불과 무자비한 풀 스피니펙스(Spinifex)에 찔리지 않으려고 조심했다. 이렇게 불편한데도 여행은 마법 같은 것! 5성급 호텔의 안락함보다는 대자연의 야생을 좋아하는 사람들이 이곳에 모였다.

울루루 아웃백을 탐험하는 동안 체코, 헝가리, 스위스, 영국 등 다양한 나라에서 온 18명의 친구와 낮엔 40도의 태양을 견디고 밤엔 천둥과 장대비를 피하며 함께 웃고 떠들면서 2박 3일을 보냈다. 캠핑이 끝난 후 누군가는 호주 퀸즐랜드주의 케언스로 누군가는 고국인 동남아로, 나는 서호주의 주도인 퍼스를 향해 사방으로 흩어졌다. 사막에도 천둥 번개가 치고 그렇게 많은 비가 온다는 걸 처음 알았다.

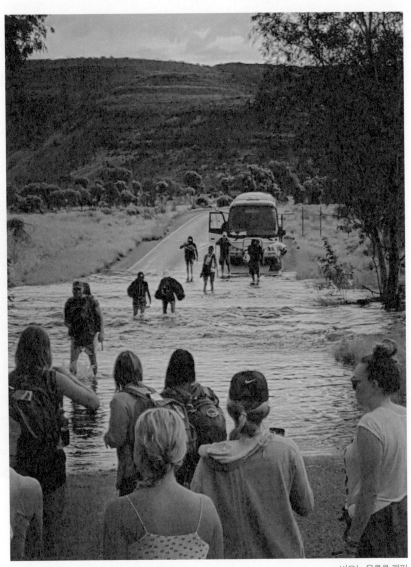

비오는 울루루 캠핑

예측할 수 없는 자연 속에서 우린 즐겁게 살아남았다. 힘들고 거친 환경 속에서도 서로 웃음을 나누고자 한다면 즐거울 수 있다는 것을 배운 시간이었다. "여행은 편견, 완고함, 편협함에 치명타를 날린다. 그래서 많은 사람은 이런 이유 때문에라도 여행

울루루 투어가 끝나고 엘리스 스프링스에 입성하며 다함께

이 몹시 필요한지도 모른다. 인간과 사물에 대한 광범위하고 건전하며 너그러운 견해를 평생 지구의 한 작은 구석에서 무기력하게 지내는 것으로는 얻을 수 없다." 마크 트웨인이 말이 떠오르는 날들이었다.

여행의 마지막 도시로 선택한 서호주 프리맨틀(Fremantle)의 한 중고 서점에서 울루루를 제대로 탐험한 여성의 일대기가 담긴 책《인사이드 트랙》을 만났다. 낙타 4마리와 함께 앨리스 스프링스를 출발해 울루루를 지나 인도양(샤크만)까지 무려 2700킬로미터를 273일간 도보로 횡단한 27세의 로빈 데이비드슨(Robyn Davidson)의 이야기이다. 정말 세상엔 대단한 모험가가 너무 많다. 책의 한 구절을 옮겨 본다.

"내가 이 여행을 통해 깨달은 두 가지가 있다.
하나는 당신이 허락하는 만큼 당신은 강해질 수 있다는 것이다.
다른 하나는 모든 시도나 노력에 있어 가장 어려운 일은
첫 결심을 실행에 옮길 때 내딛는 첫 발걸음이라는 것이다."
- 《인사이드 트랙》 중에서

프리맨틀 중고 서점에서 만난《인사이드 트랙》

Travel Tips

호주의 대도시(시드니, 퍼스, 애들레이드, 케언스)에서 비행기로 앨리스 스프링스와 에어즈 록에 갈 수 있다. 기차나 아웃백 종단 투어를 이용하는 방법도 있다. 앨리스 스프링스에서 울루루까지는 차로 약 6시간 정도 소요된다.

* 울루루 캠핑 더락투어 : 앨리스 스프링스 →울루루 →울루루-카타튜타 국립공원 →킹스 캐니언→앨리스 스프링스(www.therocktour.com.au)

⑩

쏟아지는 은하수 아래에서
잠을 청하는
뉴질랜드 캠퍼밴 여행
New Zealand

5성급 호텔보다 5백만 개의 별이 쏟아지는
은하수 아래서 잠드는 것을 더 좋아하는 그대에게

은하수

천문학 백과에 의하면 은하수가 별로 이루어졌다는 사실을 처음 발견한 이는 갈릴레오 갈릴레이(Galileo Galilei)이다. 1610년에 출간된 《시데레우스 눈치우스(Sidereus Nuncius)》를 통해 별들이 빽빽하게 밀집되어 있어 구름처럼 희뿌옇게 보이는 별무리가 은하수임을 세상에 알렸다.

이 별무리를 부르는 말이 문화마다 다르다는 것이 무척 흥미롭다. 우리나라는 은빛 강처럼 보인다고 해서 은하수라고 불렀고, 특히 제주도에서는 용이 승천해서 사는 시내라는 뜻의 미리내로 불렀다. 은하수 위에 놓인 오작교의 연인 견우와 직녀 이야기도 널리 알려져 있다. 중국에서는 한수(漢水: 큰 강)가 하늘에 투영된 것이라고 하여 천하(天河), 천강(天江), 천황(天潢)으로, 일본은 '하늘의 강'이라는 뜻의 천하, 천한(天漢)으로 불렀다. 은하수를 보고 언제 겨울이 올지 판단했던 스웨덴은 '겨울 길'이라고 불렀고, 이베리아반도 언어로는 '성 야고보의 길', 인도 등의 산스크리트어 문화권에서는 '하늘의 갠지스강', 우랄어로는 '새의 길'이라고 부른다니 참으로 다양하고 아름다운 표현들이다.

은하수를 만나기 위한
뉴질랜드 남섬 캠퍼밴 여행

지인의 친구가 은하수 사진을 찍기 위한 남섬 캠퍼밴 여행의 동행을 구한다는 소식에 바로 뉴질랜드로 떠났다. 뉴질랜드의 사진작가들이 SNS에 가장 많이 올리는 사진이 은하수였고, 그곳의 은하수는 그동안 내가 보아왔던 어떤 별무리와도 차원이 다른 것이었다.

남섬과 북섬으로 나뉘어 있는 뉴질랜드를 여행하는 최적의 방법은 캠퍼밴 여행이다. 캠퍼밴은 침대, 식탁, 부엌, 화장실, 샤워 시설까지 갖춘 움직이는 집 같은 형태의 차량이다. 뉴질랜드는 범죄율이 낮고 캠퍼밴의 전기를 연결할 수 있는 홀리데이 파크 같은 캠핑 사이트 인프라가 잘 갖춰져 있다. 우리나라와 운전석이 반대라 자가 운전이 망설여졌는데, 마침 캠퍼밴 여행 베테랑과 함께하는 은하수 여행이라니 생각만 해도 설렜다.

특히, 남반구에 있는 뉴질랜드는 우리와 계절이 반대라서 여름에는 시원한 겨울을, 겨울에는 청량한 여름을 맛볼 수 있다. 난 반대 계절로의 여행을 몹시 좋아한다. 추위가 지겨울 땐 따스한 곳으로, 더위에 지칠 땐 시원한 곳으로 공간 이동하는 일은 마치 영화 〈점프〉에서처럼 여행의 감각을 극대화해 주기 때문이다. 일반적인 캠퍼밴 여행은 봄부터 가을까지가 성수기인데, 은하수를 보기에는 밤이 긴 겨울, 그중에서도 달이 뜨지 않는 그믐 무렵이 제격이란다. 비수기라 캠퍼밴 비용도 상대적으로 저렴하고 여유로웠다. 여행 시작 전 남섬 6박 7일간의 일정을 물었더니, "출발지와 도착지가 있을 뿐 날씨와 상황에 따라 은하수를 따라 쫓아가는 진정한 의미의 로드 트립"일 것이라는 대답이 돌아왔다.

캠퍼밴 여행은 낭만적으로만 보이지만 보통 4인에서 6인이 24시간 한 공간에서 지내고 이동하므로 일행과 잘 안 맞으면 상당히 피곤해진다. 청소, 요리 등도 스스로 해야 해서 귀찮기도 하다. 특히, 겨울 캠퍼밴 여행은 날씨 따라 눈, 얼어붙은 도로 등 주의할 점들이 많고, 은하수를 보기 위해 어두운 곳을 일부러 찾아다니는 여정이라 더욱 주의가 필요하다. 그러나 캄캄한 밤하늘 아래, 별이 쏟아지는 곳 어디든, 해가 뜨는 곳 어디든, 해가 지는 곳 어디든 마음대로 차를 세우고 대자연을 누리기에 이보다 더 좋은 여행 법은 없을 것이다.

마운트 쿡(Mount cook)을 지나 푸카키 호수(Lake Pukaki)를 거쳐 와나카 호수(Lake Wanaka)로 가는 길. 오직 산과 호수만 보일 뿐, 차라고는 한 대도 안 보이는 길이 끝없이 이어졌다. 정말 축복받은 땅이라는 생각이 들었다.

영혼 세탁소
테카포 호수(Lake Tekapo)

테카포 호수는 해발 700미터에 있는 남섬 최대 규모의 호수로 폭이 무려 20킬로미터
에 달한다. 서던알프스산맥에서 흘러 내려온 빙하수가 만들어낸 신비롭고 영롱한 에
메랄드 빛 호수는 '물멍'을 때리기에 더없이 좋은 장소였다.

강을 따라 걷다 보면 만나게 되는 작고 아름다운 석조 건물이 바로 그 유명한 '선한 목자의 교회(The Church of the Good Shepherd)'다. 세계에서 3번째로 작은 교회로 유리알 같은 호수를 배경으로 고독하게 서있는 모습이 무척 성스럽게 느껴졌다. 원 주민인 마오리족이 살았던 데카포 호수 지역은 1857년 유럽 이주민들이 살기 시작 하면서부터 마을이 형성되었다. 데카포의 험난한 기후를 견뎌내며 양을 치던 목동 들의 정신을 이어가려는 뜻에서 1935년 '선한 목자의 교회'라는 이름이 붙여졌단다.

남섬 중에서도 데카포 호수와 캐슬 힐(Castle Hill) 등의 지역이 은하수를 관측하기 위한 최적의 조건을 갖추었다고 알려져 있다. 별이 많기도 하지만 공기가 건조하고 인공적인 빛이 적어서라고 한다. 아무리 맑은 날씨라도 습도가 높으면 공기의 투명도가 낮아져 별이 덜 선명하게 보인다. 2012년에는 데카포 호수와 마운트 쿡 지역을 포함한 4300평방 킬로미터의 지역이 국제 다크스카이(DARK SKY)협회가 지정하는 '밤하늘 보호구역'으로 꼽혔고, 지금은 마을 전체가 세계 최초 '밤하늘 세계유산등록'을 목표로 서로 협력하고 있다니 생각만 해도 정말 근사했다.

선한 목자의 교회

261

모에라키 보울더스 일출

내 인생 최고의 일출과 일몰

랄프 왈도 에머슨(Ralph Waldo Emerson)은 밖으로 나가는 외면으로의 여행보다 내면으로의 여행을 더 중시했던 사상가이다. 그럼에도 "대자연이야말로 철학과 신학의 결합체"라고 말했다고 한다. 뉴질랜드에서라면 그 말이 무엇인지 완전히 이해하는 순간이 온다. 은하수는 두말할 것 없고, 뉴질랜드의 대자연은 나의 '인생 일출'과 '인생 일몰'도 선물해주었다. 그것도 여러 번!

살면서 마주친 베스트 일출은 모에라키 보울더스(Moeraki Boulders)에서였다. 바다 위에 거대한 공룡의 알들이 떠 있는 듯한 이 해변은 무려 6천만 년 전 복잡한 지질학적 자연현상으로 형성된 것이란다. 밀물과 안개 때문에 은하수는 좀 아쉬웠지만, 일출은 마치 다른 세상의 빛을 보는 것처럼 황홀했다. 이런 장면을 마주할 때마다 생각한다. 지구상엔 풀리지 않는 신비가 참 많다고.

환상적인 자연 환경 덕분에 뉴질랜드는 〈반지의 제왕〉, 〈나니아 연대기〉, 〈피아노〉 등 수많은 영화의 배경이 되었다. 코끼리 형상의 바위들과 기기묘묘한 바위들이 마치 외계의 행성에라도 온 것처럼 신비로운 느낌을 주는 엘리펀트 록스(Elephant Rocks)는 〈나니아 연대기〉에도 등장한다. 〈나니아 연대기〉의 프로듀서 마크 존슨(Mark Johnson)은 "뉴질랜드 외의 다른 곳에서는 발견할 수 없는 장소들이 이 영화의 완벽한 촬영지가 되어 주었다. 여러 면에서 이곳은 동화의 나라임에 분명하다"고 말했다. 과거에 엘리펀트 록스는 바다였다. 고래를 비롯한 해양 생물이 부드러운 모래에 묻혀 있다가 표면으로 조금씩 올라왔고, 그 결과 화석과 석회암 바위가 혼재한 극적인 지형이 만들어졌다. 이집트 백사막이 하얀색 산호였다면 엘리펀트 록스는 회색빛을 띠고 있었다.

환상적인 석양을 받으며 이곳저곳 동물 찾기 놀이에 흠뻑 빠져들었다. 아쉬움을 뒤로 하며 돌아서는 길, 세상에서 가장 아름다운 일몰이 쏟아지고 있었다.

엘리펀트 록스에서의 일몰 ©David Kang

남섬을 떠나기 전 꼭 해봐야 할 기차 여행,
트랜스 알파인(Tranz Alpine Train)

"기차는 우리를 목적지로 데려간다. 기차는 스쳐 지나가는 장면을 거의 방해하지 않는다. 그래서 우리의 마음은 그 지방의 차분함과 정적으로 가득 차게 된다. 그리고 날 듯이 달리는 차량들 안에 우리가 머물러 있는 동안, 사념은 기분이 내키는 대로 인적이 드문 정거장에서 내린다."

《질서 잡힌 남쪽》의 작가 로버트 루이스 스티븐슨(Robert Louis Stevenson)은 기차 여행의 묘미를 이렇게 표현했다. 나 또한 어딜 가든 기차 여행을 좋아한다. 여행 속의 여행이라면 더욱 좋다.

남섬의 주도인 크라이스트처치(Christchurch)에서 출발해 골드러시 시대의 유서 깊은 광산 도시 그레이마우스(Greymouth)까지 운행하는 트랜스 알파인 기차는 세계 최고의 기차 여행 중 하나로 꼽힌다. 약 4시간 30분 동안 총 223킬로미터를 달리며 9개의 역을 지난다. 맨 앞칸은 오픈 칸이어서 사진을 찍거나 탁 트인 풍경을 감상하기에 좋다. 종착역인 그레이마우스에서 한두 시간 돌아보고 다시 돌아오는 하루 일정도 가능하다.

다소 가격이 비싸지만 돈을 아끼려고 미뤄둔 일은 늘 후회하기 마련. 어딜 가든 돈보다 경험을 우선하는 게 이득이라는 걸 여행을 통해 배워왔다. 트랜스 알파인 기차 여행. 마음을 깨끗하게 정화해주는 풍경을 느긋하게 바라보며 남섬의 일정을 마무리하기에 이보다 더 좋을 순 없었다.

마오리족 영혼의 안식처, 케이프 레잉가

북섬의 명소들

남섬을 캠퍼밴으로 돌아보기 전에 북섬을 일주일 간 여행했다. 한번 여행한 나라를 다시 또 가기란 생각보다 쉽지 않기에 비행 시간이 긴 나라를 갈 때는 보름에서 한 달의 일정을 잡아 가능한 한 주변까지 많이 보려고 한다. 몇 년의 시간을 내어 한꺼번에 세계 일주를 한다면 비용도 많이 절약되겠지만 그럴 사정이 못 되거니와, 내 경우에는 아무리 여행이 좋아도 두 달이 넘어가면 내성 같은 것이 생겨서 어떤 새로운 것을 봐도 감동이 덜했다. 그게 그것인 듯 느껴지고 감각이 무뎌지는 것이 싫어서 일단 집으로 돌아왔다가 다시 떠나곤 한다.

북섬은 오클랜드를 비롯해서 절경으로 유명한 커시드럴 코브와 신비로운 바닷가 온천 핫 워터 비치, 마오리족의 영혼의 안식처라 불리는 케이프 레잉가, 유황 온천으로 뒤덮인 로토루아 호수, 영화 〈피아노〉의 배경으로 잘 알려진 피하 비치, 개닛 철새로 유명한 무리와이 비치까지 남섬 못지않게 가볼 곳이 많다. 그러나 대중 교통이 마땅치 않다는 것이 단점이다. 자동차를 렌트하는 것이 가장 좋고, 여의치 않다면 워터 프론트에 있는 현지 여행사의 여행 상품을 이용하거나 한인 여행사에 미리 예약을 하고 가는 것이 좋다.

오클랜드는 뉴질랜드 전체 인구의 30% 정도가 살고 있다. 동쪽으로 남태평양, 서쪽으로 태즈먼해를 접하고 있어 어디서나 쉽게 바다를 볼 수 있다. 세계에서 요트가 많기로도 유명하며, 해마다 유명한 요트 경기도 열린다. 도심은 약간 오르막이다. 곳곳에 화산으로 만들어진 구릉이 많아서 아름다운 바다를 내려다볼 수 있는 장점이 있다.

오클랜드는 경제 중심지이자 가장 많은 유학생과 동양인을 만날 수 있는 곳이기도 하다. 번화가를 걷다 보면 아담한 카페와 피시 앤 칩스를 파는 펍, 다양한 국적의 음식을 파는 레스토랑, 떡볶이와 김밥을 파는 정겨운 한국 분식점도 만날 수 있다.

천천히 거리를 걷다가 들어간 카페에서 이곳에서 탄생한 커피 플랫 화이트를 주문했다. 우유 거품이 카푸치노처럼 부풀지 않고 평평하다고 해서 '플랫(Flat)'이란 단어에 우유를 의미하는 '화이트(White)'를 붙인 이름이다.

플랫 화이트(Flat White)

플랫 화이트는 뉴질랜드와 호주에서 가장 즐겨 마시는 커피 종류의 하나로, 2000년대 중반부터 미국을 거점으로 유명해지기 시작했다. 플랫 화이트의 기원을 놓고 호주와 뉴질랜드가 서로 자기네가 원조임을 주장하면서 여러 기원설이 나오고 있는데 뭐든 기원을 따지는 게 우습긴 하지만 뭐 또 그런 의미로 기원을 찾는 것이니 이해도 간다.

호주에서는 시드니의 무어스 에스프레소 바(Moors Espresso Bar)에서 바리스타 앨런 프레스톤(Alan Preston)이 1985년 카페를 개업하면서 처음 올린 메뉴로 알려져 있고, 뉴질랜드에서는 1989년 웰링턴의 바 보데가(Bodega)에서 바리스타 프레이저 맥킨스(Fraser Mcinnes)가 카푸치노를 만들다 실수로 거품을 잘못 내 플랫 화이트를 발명했다고 전해진다. 1984년 오클랜드의 한 카페에서 카페라테의 대체품으로 발명됐다는 또 다른 이야기도 있다.

기본적으로 커피와 우유를 활용한다는 점에서 카푸치노, 카페라테와 비슷하지만, 우유의 질감에서 차이가 난다. 우유 거품의 입자가 큰 카푸치노와 거품이 거의 없는 카페라테에 비해 플랫 화이트는 우유를 미세한 입자의 거품 형태로 만들어 실크나 벨벳의 질감에 비유될 만큼 부드러운 맛을 낸다. 또한 에스프레소나 더블샷 에스프레소를 기본으로 해서 상대적으로 적은 양의 에스프레소를 활용하는 카푸치노나 우유를 많이 넣는 카페라테보다 진한 커피 향을 즐길 수 있다. 유럽 커피의 기본이 에스프레소이듯, 이곳에선 맨 위에 플랫 화이트가 있다. 피시 앤 칩스도 영국보다 훨씬 맛있어서 여행하는 동안 제일 자주 먹었다. 아마 신선한 해산물의 덕일 것이다.

핫 워터 비치(Hot Water Beach)

코로만델(Coromandel) 반도에서도 가장 아름다운 곳으로 손꼽히는 절경으로 유명한 곳은 커시드럴 코브(Cathedral Cove)이지만 내 호기심을 자극한 건 '핫 워터 비치'였다. 해변의 모래를 파면 뜨거운 온천이 나온다니. 어디에서도 경험해보지 못한 것이기에 그런 장소가 있다는 것을 알았을 때부터 반드시 가보리라 다짐했다.

유명세에 비해 시설은 심할 정도로 '야생' 그대로였다. 탈의실이나 샤워실 하나 없이 사람들은 그저 차에서 옷을 갈아입고 해변에서 빌려주는 삽으로 모래를 판 뒤 편안히 누워 원시의 땅 저 밑바닥에서부터 스멀스멀 올라오는 따스한 온기를 즐겼다. 화산 지역임을 실감하는 경험이었다. 여기가 한국이었다면 호텔을 짓고도 남았을 명소인데 이렇게 야생 그대로의 상태로 놓여 있다니. 여행하다 보면 이처럼 사고방식의 차이를 느낄 때가 많았다.

핫 워터 비치는 끝없이 펼쳐진 그림 같은 황금 모래 해변으로 한쪽은 새빨간 꽃을 피우는 포후투카와 나무숲, 다른 한쪽은 거품이 뜬 아쿠아 마린 빛 바다로 둘러싸여 있었다. 코로만델 반도의 해안선 전체가 아름답지만 그중에서도 이 해변이 특별한 이유는, 비등점 이상의 온도로 끓고 있는 지하 호수 위에 위치하기 때문이다.

하루에 두 시간, 간조 앞뒤로 뜨거운 물이 핫 워터 비치의 황금빛 모래 위로 쏟아진다. 이 뜨거운 물이 태평양의 차가운 물을 만날 때, 물속에서 수증기 기둥이 솟구치는 것을 볼 수 있다. 이때는 모래를 조금만 파도 염분, 칼슘, 마그네슘이 풍부한 물이 솟아난다. 조금 더 깊게

파면 물이 모래 구덩이를 가득 채운다. 나만의 스파 풀장이 만들어지는 것이다. 차가운 기온 탓에 물은 순식간에 식지만 그래도 온도가 64도나 된다. 여전히 뜨거우면 바닷물을 섞어 좀 더 식힌다. 이제 들어앉아 몸을 담그고 근육을 풀어 주자. 핫 워터 비치는 조석의 차가 심하고 역조가 종종 문제를 일으키는 곳이라, 언제나 밀물에 주의를 기울여야 한다.

어쨌거나 온천은 연중 계속된단다. 특별한 경험을 원한다면 밤의 해변으로 가자. 나만의 온천을 판 뒤 그 속에 들어가 검은 밤하늘을 가로지르는 별똥별을 바라보자.

Travel Tips

한국에서 오클랜드까지는 직항으로 약 11시간 30분 정도 걸리며, 시차는 현지 기준 겨울(9~4월)에는 4시간, 그 외에는 3시간이다. 지구 반대편으로 날아가는 것치고는 시차가 나지 않아 여행이 편안한 셈이다. 계절은 반대, 시차는 별로 없음. 이것이 호주나 뉴질랜드 같은 남반구 여행의 특징이다. 캠퍼밴으로 많이 가는 곳은 북섬보다는 남섬이다. 한국에서는 오클랜드(북섬)로 들어가므로 시간 여유가 있다면 북섬 여행도 함께할 것을 추천한다. 필자가 여행한 북섬 남섬 15일 코스는 다음과 같다.

* 오클랜드-로토루아-베이 오브 아일랜드(파이히아/파노스)-코로만델(핫 워터 비치)-타우포-무리와이 해변-크라이스트처치-데카포 호수-마운트 쿡-퀸스 타운-와나카-모에라키 보울더스-엘리펀트 록스-크라이스트처치

끝없이 펼쳐진 대초원의 바람을 따라
몽골
Mongolia

"여행은 문과 같다.
우리는 이 문을 통해 현실에서 나와
꿈처럼 보이는 다른 현실,
우리가 아직 탐험하지 않은 다른 현실 속으로
파고 들어가는 것이다."
- 기드 모파상

278

차강노르 호숫가

전혀 다른 삶의 풍경이 펼쳐지는 곳

여행한 나라 숫자보다 한 장소를 얼마나 깊이 아는가가 중요하다고 말하는 이도 있지만 내 생각은 다르다. 얼마나 많은 나라를 가봤나 하는 건 얼마나 다양한 문화를 경험해 보았는가의 문제로 옆으로의 여행, 즉 범주를 넓혀가는 여행은 깊이 있는 여행, 테마 있는 여행만큼 높은 가치가 있다. 국경과 국경이 어떻게 연결되고 역사 속에서 지도가 어떻게 변해왔는지를 아는 일이며, 인간 존재를 규정하는 보편성과 환경이 낳은 차이, 고유함을 생각해보게 하는 일이다. 그로 인해 내삶을 입체적이고 파노라마처럼 펼쳐 보이게 해주는 유일한 방법이다. 그렇게 난 오즈의 마법사, 아니 '오지의 마법사'가 되었다.

인천공항에 내리면 마치 영화관에서 나온 것처럼 정신이 번쩍 들 때가 있다. 여행지에서의 시간이 한 편의 영화처럼 꿈인 듯 아련한 것이다. 실제로 내가 거기 존재하긴 했던 것일까? 여행에서 돌아올 때마다 자주 이런 느낌을 받는데, 가장 강렬했던,건 몽골에서 돌아왔을 때였다.

몽골. 그 낯선 땅에 발을 디뎠을 때 나를 툭 치며 환영 인사를 던진 건 사람도 동물도 아닌 바람이었다. 몽골의 바람은 세상 여느 바람과도 달랐다. 초원의 상큼함 같기도 하고 동물의 가죽 냄새 같기도 한, 뭐라 형언하기 어려운 태초의 냄새 같은 것이 났다. 기억조차 나지 않을 만큼 까마득한 세월에 걸쳐 세상의 이쪽저쪽을 휘저으며 머물기도 하고 모래알처럼 흩어지기도 했을 그런 바람의 냄새. 그제야 깨달았다. 불과 네 시간 만에 와 닿은 이곳은 대륙의 동쪽이거나 서쪽이 아니라 '내가 살던 삶의 방식과 정반대의 삶이 있는 땅'이라는 것을.

세상엔 두 종류의 사람이 있다. 몽골을 가보고 싶어 하는 사람과 관심조차 없는 사람. 인프라가 갖춰지지 않은 불편한 곳으로의 여행을 좋아하지 않는 사람에게 몽골은 관심 밖의 나라일 것이다. 장시간의 비행을 싫어하는 친구가 언젠가 전화로 물었다.

"이번 여름휴가 때 가면 좋을 여행지 좀 추천해줘. 단 비행기 다섯 시간 안쪽으로!"
"뭐라고? 그럼 아무 동남아나 가버렷!"

그러다 문득 몽골이 떠올랐다. 인천공항에서 수도인 울란바토르까지는 비행기로 네 시간 남짓 거리. 동남아를 닮아가는 한국의 찜통 더위에 지쳐갈 때 시원하고 건조한 몽골의 바람을 맞으러 가면 어떨까.

한여름 최적의 피서지, 바람의 나라

세계에서 가장 높은 곳에 위치한 몽골은 평균 고도가 1580미터이다. 땅의 5분의 1이 고비사막이다. 넓게 퍼져 있는 사막의 영향으로 전형적인 대륙성 기후를 띤다. 9월부터 눈이 내리기 시작해 4월까지 겨울이 이어진다. 겨울은 매우 춥고 길어서 7, 8월이 여행하기 가장 좋다. 여름이지만 한낮 평균 기온이라 봤자 16도. 밤엔 한기마저 느껴진다. 비라도 뿌리는 날엔 난로를 피워야 하는 날씨이다. 한반도 7.5배에 달하는 거대한 면적에 고작 326만 명이 사는 곳.

울란바토르를 출발해서 달리고 달려서 내륙의 바다라 불리는 호수 홉스굴까지 한 바퀴 돌고 다시 울란바토르로 돌아오는 2499킬로미터의 길고 험한 여정에 관심이 가는가? 피서에 더없이 좋은 곳이지만 쉽게 지루함을 느끼는 이에겐 맞지 않을 수도 있다. 그런 이들에겐 울란바토르 근처 테렐지의 넓은 초원에 느긋하게 머물면서 말을 타며 쾌적하게 지내다 오는 것도 추천한다.

몽골 여행은 바람에서 시작해서 바람으로 끝난다. 초원의 바람에서 시작해서 구릉의 바람으로, 다시 호수의 바람으로. 러시아, 중국과 국경을 이루고 초원과 구릉 이외에 4000여 개에 달하는 호수와 강이 있는 대자연이 바로 몽골이다. 대자연만 있는 것은 아니다. 오랜 역사를 품은 에르덴조 사원, 간단 사원 같이 유서 깊은 불교 사원들이 있고, 칭기즈칸 기념관, 자이승 승전탑, 이태준 기념공원* 등 역사적 볼거리와 화산, 협곡까지 다채로운 풍광을 품고 있다. 지구상에 아직 이런 삶이 존재한다는 게 믿기지 않을 만큼 원시적이다.

전통 복장을 하고 기념 사진을 찍는 아이들

● 대암 이태준 선생(1883~1921)은 1914년 몽골에 입국해 '동의의국'이라는 병원을 개업한 후 몽골인들에게 근대적 의술을 베풀며 각지의 애국지사들과 연계한 항일운동을 전개하였다. 그 업적을 기념한 공원(2001년 7월 준공)이 국가보훈처 및 연세의료원의 재정 지원으로 자이승 승전탑 아래 서 있다.

끝없이 펼쳐진 초원

실크로드와 칭기즈칸의 나라

기원전 13세기 초 칭기즈칸이 건설한 몽골 대제국은 '용감함'이라는 어원을 가지고 있다. 마르코 폴로의 여행기에도 나와 있듯이 몽골 대제국은 러시아와 중국, 동남아와 유럽, 중동 국가에 이르기까지 동서 문물 교류에 큰 영향을 끼쳤던 실크로드를 열었다. 결코 멸망할 것 같지 않던 이 야생의 유목 제국도 결국은 막을 내렸다. 내륙 중앙부는 1688년 중국 청나라에 복속되어 '외몽골'로 불리다가 1911년 제1차 혁명과 1921년 제2차 혁명을 통해 독립할 수 있었다. 고비사막을 주변으로 내몽골과 외몽골로 나뉘어 있으며, 내몽골은 여전히 중국에 속해 있다.

칭기즈칸의 손자 쿠빌라이칸은 다양한 문화와 민족을 아우르기 위해 모든 종교를 허락하는 관대한 정책을 폈다. 그의 아내는 독실한 불교 신자였다. 이를 증명하기라도 하듯 옛 수도 하르호린의 폐허 위엔 1585년에 세워진 몽골 최초의 티베트 불교 사원 에르덴조가 있다. 108개의 불탑이 성벽을 이루고 있어 한참을 걸어야 제대로 볼 수 있을 만큼 광활하다. 사원 주변에서는 9세기 투르크 기념비와 8세기 위구르 왕국 수도의 폐허 등 역사 유적도 만날 수 있다. 여기서 대륙 횡단용 캠핑카를 타고 이동하는 유럽의 단체 여행자들을 만났다. 어떻게 저들이 몽골 한 귀퉁이까지 왔을까 신기했는데, 칭기즈칸의 명성을 생각하면 그다지 놀랄 일도 아니었다.

몽골 최초의 티베트 불교 사원 에르덴조

몽골 여행이라고 하면 대부분 울란바토르와 테렐지를 중심으로 한 옛 몽골 제국으로의 여행을 일컫는다. 지금도 도시 한가운데서 전통 복장에 무공훈장을 단 노인을 볼 수 있다. 현대식 마트 앞 벤치에 앉아 먼 과거로 시선을 둔 노인의 모습이 왠지 모를 아련함을 자아냈다.

한국에 온 듯 착각하게 만드는 대형 마트

유목 민족 특유의 개방적 성향이 강한 몽골인들은 다른 문물이나 문화를 받아들이는 데 거부감이 없다. 특히 한국과 몽골은 역사 문화 상 다양한 관계를 맺어 왔다. 어원이 같은 말도 많고, 체질 인류학적 유사점도 있다. 정식 국교는 1990년 3월에 수립되어 다소 늦은 감이 있지만 이후 한국 대통령들의 지속적인 방문을 계기로 양국은 포괄적 동반자 관계로서 다방면에 걸친 교류를 하고 있다.

흔히 몽골엔 두 개의 나라가 있다고 말할 정도로 수도인 울란바토르와 울란바토르 이외 지역의 풍광이 전혀 다르다. 몽골 인구의 절반이 울란바토르에 살고 있으며 전체 인구의 64%가 35세 이하로 젊은 국가이다. 수도에 밀집된 젊은이들 중심으로 몽골 내 한류가 빠르게 대중화하고 있다. 한국학과나 한국어 강좌가 개설된 대학도 20여 곳에 이르고, 2017년 몽골 TV 방송국에서 방영한 한국 드라마가 10개가 넘을 정도로 열기가 뜨겁다. 현재 한국어를 배우는 몽골 학생만 2천 명이 넘고, 해마다 몽골과 한국을 방문하는 이들이 4만여 명에 달한다. 전 세계에서 가장 많은 몽골인이 거주하는 나라가 한국이라고 할 정도이다.

이처럼 역사 문화적으로나 외모상 매우 친근감이 느껴지고, 인천공항에서 3시간 30분이면 울란바토르 공항에 닿을 수 있어 접근성도 좋고, 반면 전혀 다른 자연환경을 갖고 있으니 여행지로 더없이 좋은 선택지이다.

울란바토르 대형 마트에는 한국 음식이 절반 이상을 차지하고 있다. 한 집 건너 한국 음식점이라 해도 과언이 아닐 정도다. 몽골에서 한국의 마트 음식이 각광받는 이유는 무엇일까?

전통적으로 유목 민족인 몽골인의 주식은 빨간 음식과 하얀 음식이라 불리는 육류와 유제품이었다. 농경 민족과 비교할 때 참으로 단조로운 음식 문화이다. 아무튼 전통적으로 빠르고, 편리하고, 종류가 다양한 즉석 음식에 대한 수요가 높았는데 이를 가능하게 한 것이 한국의 마트 문화였다. 한국에 체류했던 몽골 유학생들은 한국에서 경험했던 문화와 음식을 몽골에서도 그대로 즐기고, 드라마나 K-pop으로 확장된 한국 양식이 몽골에서 트렌디하게 받아들여지고 있는 것이다.

몽골 마트에서 발견한 초코파이

몽골을 여행하는 최고의 방법
유목 생활 체험

울란바토르에서 한 시간 거리에 있는 몽골의 대표적 휴양지인 테렐지 국립공원에
는 전통 가옥 게르를 호화롭게 개조한 호텔부터 유럽식 리조트까지 다양하고 편리
한 시설이 갖춰져 있어 글램핑 하듯 느긋하게 즐기며 말을 타거나 초원을 만끽하기
에 좋다. 끝없이 펼쳐진 초원과 수만 마리의 양 떼와 말무리를 호령하는 거친 유목민
의 삶을 조금이라도 체험하고 싶었던 나는 몽골의 옛 수도 하르호린을 지나 눈이 시
리게 아름다운 호숫가 차강노르, 푸른 진주라 불리는 홉스굴로 이동하는 열흘 간의
유목 생활을 했다.

유목민 전통 천막 게르에서 잠들고, 삶은 양고기 허르헉(Khorkhog)을 먹고, 30도의
독한 칭기스 보드카에 취해보는 것. 그리고 새벽에 일어나 쏟아지는 별을 바라보는
것. 그렇게 몇 날 며칠을 대자연에 몸과 마음을 맡겨보고 나면 도시의 삶이 어리둥절
적응이 안 될지도 모르겠다. 문득 온 세상의 시인으로 불리는 팔레스타인 시인, 마흐
무드 다르위시(Mahmoud Darwish)의 시가 떠오른다.

유랑이 없다면 나는 누구인가?

우리는 가벼워졌다
먼 바람 속 우리의 집들만큼이나
우리, 당신과 나는 구름속의 이상한 존재들과도
친구가 되었다
우리 둘은 정체성의 땅이 주는 중력에서 해방되었다
우리는 무엇을 할 것인가
강물은 나를 너의 이름에 묶는다
그 무엇도 너를 제외하고는 내게 남은 건 없다
그 무엇도 나를 제외하고는 네게 남은 건 없다
이방인의 허벅지를 애무하는 이방인
오, 이방인이여
남겨진 이 고요함속에서
두 전설 사이의 토막잠속에
우리는 무엇을 하게 될 것인가
그 무엇도 우리를 돌봐주지 않는다
길도 집도
이 길은 처음부터 동일한 바로 그 길이었을까
아니면 우리의 꿈들이 이 언덕에서 몽고말을 찾아
우리는 그것과 바꾸었던 걸까
우리는 무엇을 할 것인가
유랑이 없다면 우리는 무엇을 할 것인가
-《이방인을 위한 침대(A Bed for the Stranger)》중에서

스타렉스와 초원 화장실

몽골은 단순하다. 이 단순함은 원초적인 느낌에서 온다. 이를 테면 아무것도 없는 초원과 사막. 길 없는 길과 원시적인 구름 같은 것들. 1년에 260일은 맑고, 7개월은 겨울이며, 두 달 여의 봄날엔 모래 폭풍이 휩쓸고 가는 몽골은 혹독하고 혹독해서 더욱 아름다운지도 모르겠다.

몽골 여행도 단순하다. 눈 뜨면 사륜구동차를 타고 온종일 초원 사이로 난 울퉁불퉁한 오프로드를 달리다가 아무 데나 철퍼덕 앉아 도시락을 먹고 수풀 사이로 들어가 볼일을 본다. 아프리카에선 이를 '부쉬 토일렛'이라고 표현하는데 몽골에선 '초원 화장실'쯤 되겠다. 처음엔 우산이나 옷으로 가리면서 어쩔 줄 몰라 하던 사람들이 어느새 이런 것쯤 아무렇지도 않다는 듯 자연스러워지면 돌아갈 때가 된 것이다. 간혹 길 한가운데 간이 화장실처럼 보이는 곳도 있는데 특이하게도 화장실에 앞문이 없다. 처음엔 당혹스럽지만 이마저도 나중엔 즐기게 된다. 그렇지, 얼마나 귀하고 귀한 대자연과의 교감인데 굳이 답답하게 문으로 이 근사한 풍경을 가릴 필요가 있을까, 하고.

말과 양 외에 초원을 달리는 차는 딱 두 종류, 한국 차 스타렉스와 러시아 차 푸르공 뿐이다. 편한 아스팔트길은 없고 대부분 협곡과 구릉을 번갈아 넘어가는 롤러코스터 같은 길이다. 그중에서도 차강노르에서 홉스굴까지 12시간을 달렸던 비포장도로는 내 생애 가장 고단한 여정으로 기록될 만큼 가혹했다. 하지만 끝없이 펼쳐진 풍경이 답답했던 가슴 속을 한방에 뻥 뚫어줬다.

도로 곳곳에 '어워'라는 이름의 파란색 천을 두른 돌무덤이 있었다. 몽골식 성황당쯤 되시겠다. 샤머니즘의 강한 전통을 보여주는 어워의 사이사이에는 음식과 돈이 놓여 있었는데 몽골인들은 차를 타고 가다가도 어워를 만나면 오른쪽으로 세 바퀴 돌며 기도를 드렸다. 그들을 보고 있자니 거친 비포장 길을 달리다 차가 고장이라도 나면 정말 곤란한 상황이 될 수도 있겠다는 생각이 들면서 나도 덩달아 기도하는 마음이 되었다. 차를 타고 가고 있지만 말을 탄 듯 끝없이 요동치던 길. "어이쿠, 어이쿠" 비명을 지르다 못해 나중엔 그마저 체념한 채 눈을 감아버렸던 시간. 어쩌면 이 길을 가장 잘 만끽하는 방법은 칭기즈칸을 떠올리며 차 대신 말위에 앉아있는 상상을 해보는 것이었을지도 모르겠다.

샤머니즘의 전통을 보여주는 어워

러시아로 이어지는 신성한 호수 홉스굴(Khovsgol Lake)

원초적인 땅 몽골에서도 가장 신성한 곳이 따로 있을까? 미인들 가운데 가장 미인을 꼽는 것과 같이 부질없는 일이 아닐까? 들리는 이야기에 의하면 몽골인들은 주저 없이 홉스굴을 가장 신성한 곳으로 꼽는단다.

홉스굴은 중앙아시아의 호수 가운데 가장 깊고, 세계에서 14번째로 크며, 세계 담수량의 2%를 차지하는 곳으로 무려 96개의 강이 이곳으로 흘러들어 온다. 그중 단 한개의 강만이 러시아의 바이칼로 흘러간다고 한다. 내가 거닐었던 호수와 숲이 러시아로 이어진다는 것이다.

홉스굴의 관문인 무릉에서 홉스굴까지는 몽골 특유의 완만한 초원지대가 펼쳐지다가, 홉스굴에 가까워질수록 타이거 삼림 지대가 빽빽한 원시림을 이루고 있었다. 북쪽은 해발 3500여 미터의 산맥 지대이자 러시아와 맞닿은 국경이고, 수심은 속이 보이지 않을 정도로 깊지만 물은 수정처럼 맑고 투명했다. 호수에는 민물 연어가 살고, 주변에는 순록과 사향노루, 무스와 큰곰이 산다고 했다. 몽골에서 가장 뛰어난 동식물의 보고인 것이다. 그래서인지 호숫가를 산책하다보면 동물 뼈가 심심치 않게 눈에 들어오고, 수령을 알 수 없는 원시 숲의 일부인 듯한 나무들이 여기저기 나뒹굴고 있었다. 게르 주변에 신성한 연기가 피어오르고 있었다. 우리네 신령한 산에 무당이 살 듯 여기에도 무속인이 사는 건 아닐까. 게르 안에 들어가 나의 앞날을 물어보고픈 충동이 일었다.

최후의 유목민
차탄족(Tsaatan) 소녀

'몽골의 푸른 진주', '몽골의 알프스'라 불리는 홉스굴 근처 타이가 숲에서 불가사의한 종족, 최후의 유목민이라 불리는 차탄족을 만났다. 전 세계를 통틀어 약 200명밖에 남지 않았다고 전해지는 차탄족은 순록이 이동하는 경로를 따라 움직이며 영하 40도의 날씨에도 순록의 등에서 잠을 잘 때가 많다고 한다.

'차탄'이라는 말은 몽골어로 '순수 유목민'이라는 뜻으로, 이들 유목민들에겐 순록의 숫자가 부의 상징이란다. '오르츠'라고 불리는 원추형 천막은 게르와 다르게 생겼다. 차탄족은 여름엔 관광객을 상대로 사진의 모델이 되어주고 돈을 받거나, 손수 만든 전통 장신구와 사탕, 꿀, 옷을 팔아서 생계를 이어간다. 전통 복장을 다소곳이 차려입은 차탄족 소녀의 수줍은 미소가 오랜 여운으로 남아 있다.

몽골 정부는 1960년대 소수 민족 보호를 위해 차탄족을 위한 집을 지어주고 땅도 주겠다고 제안했지만, 그들은 받아들이지 않았다고 한다. 순록과 천막 하나만 있으면 어디든 갈 수 있는데, 답답하게 한곳에 머물러 산다는 게 이해가 되지 않았던 것이다. 이들은 이렇게 순록을 닮았다. 본래 야생 동물인 순록은 길이 들면 순하지만, 몇 달만 그냥 두면 도로 야생으로 돌아간다고 한다.

나는 그들이 완전히 이해되었다. 한 세상 살면서 자유의 맛을 알아버린 이에게 궁중 대궐을 준다한들 어떻게 정착하여 살 수 있겠는가.

단순한 삶을 보여주는 땅

홉스굴은 평화롭다 못해 심심할 정도라 책 읽기에 그만이었다. 이럴 걸 예상하고 챙겨온 배수아의 《처음 보는 유목민 여인》을 읽었다. 비 오는 밤 홉스굴에서 읽기에 이보다 더 적합한 책이 있을까 싶다. 우주의 한 귀퉁이에 덩그러니 나만 있는 것 같아 뒤척이던 밤, 무뚝뚝한 아버지와 아들이 비옷을 입은 채 들어와 난로의 야크 똥을 갈아주었다. 살짝 열린 창문 틈으로 말을 타고 지나가는 유목민이 보였다. 현실이 아닌 듯한 세계에서 보낸 몽골의 밤이었다.

전통 음식 허르헉을 끓이는 강인한 인상의 몽골 여인. 밤새도록 난롯불이 꺼지지 않도록 두세 시간 간격으로 야크 똥을 넣어주던 무뚝뚝한 아들. 평생 번 돈으로 구입한 스타렉스를 애지중지 닦으며 묵묵히 자기 일하던 운전기사 아트레 아저씨. 그들의 웃음은 요란하지 않지만 진정한 마음이 담겨 있었다. 그만큼 귀한 감동을 주었다.

노을이 지고 칠흑 같은 밤이 깊어지자 별이 쏟아지더니 어느새 여명이 밝아왔다. 시간이 흘러가는 풍경을 이토록 선명하게 느낄 수 있는 곳이 지구상에 몇 곳이나 될까? 짜릿한 볼거리를 원하는 사람에게 몽골 여행은 허무에 가까울 수도 있으리라. 온종일 초원과 구릉을 달려 게르에 도착한 뒤 작은 불빛에 의지해 책을 읽는 일, 게르에 부딪히는 빗방울 소리를 듣는 일, 바람의 소리를 듣는 일, 그것이 전부니까. 그러나 복잡한 삶의 시간을 멈추고 단순한 야생의 삶을 느껴보는 시간을 기대한다면 몽골은 최고의 여행지다.

Travel Tips

인천공항에서 몽골 수도 울란바토르까지 3시간 30분이면 전혀 다른 세계가 펼쳐진다. 일정이 일주일 미만일 경우 울란바토르와 근처 테렐지에서 말을 타며 유적지를 관람하는 것이 좋고, 보름 정도 여유가 있다면 게르에서 묵으며 홉스굴까지 끝없는 초원을 달리며 몽골의 바람을 마음껏 느끼는 여정을 추천한다. 오프로드의 울퉁불퉁한 길을 달리고 숙소도 안락한 편이 아니지만 오지 여행을 선호하는 이에게 강력히 추천한다. 울란바토르를 제외한 대부분의 지역에서 신용카드를 쓸 수 없으니 현금을 준비해야 한다.

꽃길만 걷고 싶은 꿈
조지아 카즈베기 트빌리시

Georgia

"시간은 그것을 사용하는 사람을 위해
충분히 오래 머물다 간다."

– 레오나르도 다빈치

침략 속에서 살아남은 매력적인 땅 조지아

조지아는 아직 우리에게 생소한 나라이다. 그리스, 로마, 페르시아와 셀주크튀르크, 몽골과 오스만튀르크, 그리고 1991년 소련연방국가에서 독립하기까지 무려 3천여 년 간 유럽과 아시아 강대국의 침략과 지배를 받았다. 과거 국가명 그루지아는 소련식 표현이고 지금은 영어식으로 조지아로 불린다. 미국의 조지아와 헷갈리든 어쩌든, 이방인들에게는 조지아보다 그루지아가 더 분위기 있어 보이든 어쩌든, 조지아 국민 입장에선 치 떨리는 연방 통치하의 잔재를 계속 남겨두고 싶지 않았을 것이다. 조지아란 이름은 수도 트빌리시의 자유 광장에 우뚝 서 있는 수호성인 '성 조지'에서 따왔다는 설이 유력하다.

수도원에 뒹구는 와인 항아리들

각각의 색깔이 너무도 뚜렷해서 도시 하나하나가 완전히 다른 나라인 것 같은 곳들이 있다. 코카서스 3국이라 불리는 아르메니아(Armenia), 아제르바이잔(Azerbaijan), 조지아가 그랬는데 그중에서도 조지아는 독보적이었다. 아시아와 유럽을 가로지르는 코카서스산맥 아래 조용히 자리 잡은 이 나라는 항아리 와인으로 유명한 텔라비를 비롯해 눈 쌓인 언덕 위에 성스럽게 자리한 아름다운 교회와 야생화로 가득한 트레킹의 천국 카즈베기, 파리보다 더 아름다운 수도 트빌리시의 나라이다. 흑해 연안의 바투미, 아름답고 사랑의 도시 시그나기도 있다.

푸시킨은 "조지아 음식은 한 편의 시와 같다"고 했는데 이 말은 조지아 음식을 이야기할 때 자주 인용된다. 조지아는 인류 최초의 와인 산지로 그 역사가 8천 년에 이른다. 그렇다 보니 와인의 원조라 불리는 항아리 와인이 제일 먼저 떠오르지만, 음식 또한 이에 못지않게 풍부하다. 아시아와 유럽의 영향을 골고루 받은 조지아의 요리는 치즈, 요구르트, 과일뿐만 아니라 다양한 고기와 향신료, 야채가 조화롭게 어우러져 여행자의 눈과 입을 모두 충족시킨다.

카즈베기(Kazbegi) 가는 길

카즈베기의 현재 명칭은 조지아 정교 수도사의 이름 스테판에서 유래한 스테판츠민다(Stepantsminda). 그러나 소련 연방 시절 불렸던 러시아식 명칭 카즈베기로 아직 불린다. 조지아의 수도 트빌리시에서 카즈베기는 자동차로 약 세 시간이 걸린다. 일행을 실은 차가 조지아에서 러시아까지 뻗어 있는 군용도로를 따라 달렸다. 한때 실크로드의 일부분이었던 이 길은 제정 러시아 시절 조지아를 합병하기 위한 군사 목적으로 확장된 도로이다. 13세기에 지어진 아나누리 성채와 에메랄드 빛 진발리 호수를 지나면 코카서스의 험준한 산맥이 본격적으로 시작된다.

점점 높아지는 고도를 따라 창밖 풍경도 점점 극적으로 변모했다. 멀리서만 보이던 코카서스산맥과 점차 가까워지고 있다는 사실에 심장이 두근거렸다. 해발 고도 2000미터에 이르는 대코카서스산맥을 지나는 즈바리패스(Jvari Pass)로 들어서자 풍광은 더욱 장엄해졌다. 구불구불한 고갯길을 하나하나 돌 때마다 눈앞에는 상상치 못한 비경이 계속해서 펼쳐졌다.

비포장도로에 엉덩이가 아파질 무렵 다행히 잠시 쉬었다. 즈바리패스의 정상과 가까이 있는 구다우리 전망대였다. 겨울엔 눈이 많이 내려 왕래가 힘들다는 이곳은 조지아에서 가장 유명한 스키 리조트의 하나로 패러글라이딩, 헬리스키 등을 즐길 수 있는 겨울 스포츠의 성

즈바리패스

지란다. 그 휑한 절벽 위에 반원형 모양의 기념비가 있었다. 1931년 세워진 조지아·러시아 친선 기념비란다. 가슴에 지워지지 않을 상처가 남은 이들에게 난데없이 친선비 라니. 뜬금없던 위치만큼이나 아이러니하게 느껴졌다.

조지아의 스니커즈라고 불리는 전통 영양 간식 추르츠헬라로 배고픔을 달래며 다시 차에 올랐다. 카즈베기로 가는 길은 멀고도 험했지만 푸른 이끼가 덮인 것 같은 독특한 산악의 모양새는 그저 바라보는 것만으로 힐링이 되었다. 특히 협곡의 파노라마 전망은 두고두고 잊지 못할 장관이었다.

프로메테우스 신화를 품은
카즈벡산(Mount Kazbek)

조지아와 러시아에 넓게 걸쳐 있는 휴화산 카즈벡산은 조지아에서 세 번째로 높은 산(5047미터)이자 코카서스산맥에서는 7번째로 높은 봉우리다. 카즈벡은 조지아어로 '빙하 봉우리' 혹은 '몹시 추운 봉우리'라는 뜻을 지녔는데, 이름처럼 봉우리의 끝이 언제나 하얀 만년설로 뒤덮여있어 '하얀 신부'라고 불린단다. 신비로운 자태만큼이나 산에 얽힌 신화도 흥미롭다. 코카서스는 수많은 고대 전설과 이야기가 얽힌 신화의 무대인데 그중 카즈베기는 프로메테우스 신화를 담고 있다. 프로메테우스는 불과 기술을 인간에게 전해주었다는 이유로 신들의 왕 제우스의 미움을 사게 되고, 그로 인해 암벽에 결박당한 채 매일같이 독수리에게 간을 쪼이는 형벌을 받는다. 프로메테우스가 결박당한 산이 바로 카즈벡산이다. 정확히는 베틀레미(Betlemi) 동굴이 위치한 해발고도 4000미터의 절벽에 묶여 있었다고 전해진다.

오늘날 카즈벡산은 트레킹과 패러글라이딩, 캠핑 같은 아웃도어 라이프를 좋아하는 이들과 오지 여행자들의 발길이 1년 내내 끊이지 않는 여행지다. 10월이면 눈이 오기 시작하며 1년의 절반 정도는 겨울이다. 지금은 전망 좋은 호텔이 들어섰다는데, 내가 방문했을 때만 해도 마을 한가운데 삐그덕거리는 창문이 있는 소박하고 허름한 게스트하우스뿐이었다. 트빌리시에서는 반소매 차림의 여름이었지만 카즈베기에선 낮에도 긴팔을 입고 밤엔 점퍼가 필요할 만큼 추웠다.

이른 아침 눈을 떠 카즈벡산의 일출을 바라보았다. 구름이 산 정상에 있는 교회를 가렸다가 보여줬다 하며 빠르게 흘러가는 모습이 한없이 신비로웠다. 눈 덮인 얼음산이 신의 세상을 버리고 참혹한 형극의 땅, 자유 의지를 가진 인간을 선택한 프로메테우스의 용기처럼 비장하게 다가왔다.

등대처럼 우뚝 솟은
츠민다 사메바 교회(Tsminda Sameba Church)

카즈벡산 중턱에는 하얗게 눈 덮인 고봉들만큼이나 강한 존재감을 뽐내는 것이 있다. 바로 게르게티 트리니티 교회이다. 조지아어로 츠민다 사메바 교회, 삼위일체 교회 등으로 불리는 이 교회는 14세기에 지어졌으며, 카즈베기의 상징과도 같은 곳이다. 차로도 갈 수 있지만 한 시간 반 정도 걸어서 올라가는 트레킹이 유명하다.

조지아 국민의 80%가 정교회를 믿을 만큼 이 나라에선 어디를 가든 아름다운 정교회를 만날 수 있다. 소련 연방 치하에서도 이 땅의 고유한 언어와 종교만은 어쩌지 못했다고 한다. 교회 안에는 자신의 수호성인 앞에서 촛불을 켜고 진지한 모습으로 기도에 몰입해 있는 이들이 있었다. 그 모습과 분위기가 하도 경건해서 어느새 나도 두 손을 가지런히 모으게 되었다. 여행자로서, 이토록 멀고도 아름다운 곳에 나의 두 발이 닿게 해주신 신께 감사하는 마음이 저절로 들었다.

조지아 교회는 복장 규율이 엄격하다. 바지나 짧은 치마 차림으로는 입장할 수 없다. 간혹 빌려주는 경우도 있으나 다리를 가릴 수 있는 복장을 준비하는 것이 좋다.

교회에서 내려다보이는 스테판츠민다 마을은 '서양의 샹그릴라'로 불릴 만큼 아름다웠다. 그 속에 세상에서 가장 소박하고 순수한 마음을 지닌 사람들이 살고 있었다.

천상의 화원을 걷다
주타(Juta) 트레킹

조지아 여행의 장점 중 하나는 청정 자연에 흠뻑 빠져들 수 있다는 점이다. 카즈벡산을 오르는 대표적인 트레킹 코스는 주타 트레킹과 트루소밸리 트레킹이 있는데, 대부분의 여행자들은 길이 험한 트루소밸리 코스보다 난이도가 무난하면서도 짧은 시간 안에 카즈벡산의 매력을 듬뿍 느낄 수 있는 주타 트레킹을 선택한다. 스테판츠민다 광장에서 차로 데려다주고 다시 데려오는 셔틀 영업이 있을 정도로 여행자들에게 인기가 높다.

주타 트레킹은 주타 마을에서 차우키패스(Chaukhi Pass)를 따라 로쉬카 트렉(Roshka Trek)까지 약 18킬로미터를 걷는 여정이다. 시간이 넉넉하지 않은 이들은 3킬로미터 지점에 있는 차우키 호수까지 갔다가 돌아올 수 있다. 넉넉잡아 왕복 6시간 정도가 걸리며, 야생화 천국의 꽃길과 마을 사람들이 사는 모습, 눈 덮인 바위산까지 주타의 알짜배기를 쏙쏙 골라 즐길 수 있는 매력적인 코스다.

능선과 계곡이 온통 초록이었다. 계곡에는 빙하에서 흘러내린 맑은 시냇물이 흐르고 평원과 능선에는 야생화가 가득했다. 산들산들 바람까지 불어오니 "꽃길만 걸어라"는 표현이 바로 이런 것이구나 싶어졌다.

노벨문학상 수상자인 크누트 함순(Knut Hamsun)은 자신의 소설《I Æventyrland(In Wonderland)》에서 카즈벡산과의 첫 만남을 이렇게 표현했다.

"... Suddenly after a sharp turn, a big gap opens to the right and we see quite close to us the ice peak of Kasbeg with its glaciers sparkling white in the bright sun. It stands close to us, silent, tall and mute. A strange feeling rushes through us, the mountain stands there like it has grown out of the others, it is like a creature from another world standing there looking at us. It is like I am facing God."

"방향을 꺾으니 갑자기 오른쪽으로 큰 틈새가 열리며 밝은 태양 아래 반짝이는 카즈베기의 만년설 봉우리가 눈에 들어왔다. 조용하면서도 우뚝 서 있던 그 봉우리는 마치 다른 세상의 생명체가 우리를 보고 있는 것 같았고, 그것은 마치 신과 마주 서 있는 것 같은 느낌이었다."

녹색 잔디가 폭신하게 깔린 길을 걷다 보니 갑자기 만년설이 덮인 바위산이 나타났다. 그 앞에 고급 인테리어 가게에나 있을 법한 소파가 마치 광고의 한 장면처럼 놓여 있었다. 일행 중 몇은 호수까지 가보겠다며 서둘러 떠났고, 난 멋진 소파에 앉아 이 비현실적인 풍경을 홀로 즐기기를 택했다. 느긋한 자세로 소파에 누워 주변을 360도 파노라마로 돌아보았다. 바로 그 순간, 모든 것이 정지된 느낌, 지금, 여기! 이 순간에 머물고 싶은 느낌!이 왔다. 레오나르도 다빈치가 "시간은 그것을 사용하는 사람을 위해 충분히 오래 머물다 간다"고 했던 말의 뜻을 그제야 제대로 실감했다.

파리보다 아름다운 조지아의 수도
트빌리시(Tbilisi)

코카서스 남쪽 기슭 아래에 자리한 조지아의 수도 트빌리시는 1500
년이 넘는 역사를 간직한 도시이다. BC 4세기부터 사람이 살기 시작
해 AD 5세기 말 조지아의 수도가 된 트빌리시는 옛것과 새것이 오묘
하게 조화를 이루고 있어서 마치 재즈의 선율에 젖듯, 나도 모르게 발
걸음이 나풀거리게 되는 도시이다. 아름다운 므츠바리강이 도시를
관통하며 구도심과 신도심을 구분 지었다. 볼거리 대부분은 구도심
에 몰려 있었다.

맨 먼저 찾은 곳은 BC 4세기경 축조되었다고 전해지는 나리칼라 요
새(Narikala Fortress)였다. 케이블카를 타고 올라가니 바람이 세차게
불어오며 도시의 아름다운 전경이 한눈에 들어왔다. 순간 '파리보다
아름다운 곳이 여기 있었구나'라는 생각이 스쳐 갔다. 이러한 느낌은
조명이 들어오는 밤에 더욱더 강해졌다.

나리칼라 요새 한쪽에 서 있는 '거대한 어머니상'이 눈에 들어왔다.
왼손엔 와인이 가득 담긴 커다란 잔을, 오른손엔 검을 들고 있었다.
"친구로 방문한 이에겐 와인을, 적으로 방문한 이에겐 칼로서 응대
한다"는 뜻을 담고 있단다. 그동안 만났던 조지아 사람들의 친절하
면서도 좀체 흔들리지 않을 것 같은 굳건한 심성을 그대로 보여준다
는 생각이 들었다. 성녀 니노의 포도나무 십자가가 보관된 시오니 대
성당(Sioni Cathedral)을 비롯하여, 13세기에 세워졌으나 수많은 전
쟁을 치르면서 서른일곱 번이나 다시 지어졌다는 메테키 교회도 보
였다. 메테키 교회는 소련 시절엔 감옥과 극장으로 사용되기도 했다

옛것과 새것이 조화로운 트빌리시 풍경

니 마치 조지아의 한 많은 세월을 온몸에 담고 있는 듯 다가왔다. 교회 옆에는 수도를 트빌리시로 옮긴 바흐탕 고르가살리 왕의 기마상이 보초를 서듯 도시를 지키며 서 있었다.

므츠바리강에 세워진 현대적 디자인의 사브뤼켄(Saarbruecken)다리는 일순간 중세에서 현대로 이동시켜주는 듯한 기분이 들 정도로 세련된 아름다움을 드러내고 있었다. 바로 옆에 있는 데다나 공원에서는 트빌리시 최대 규모의 벼룩시장이 열리는 중이었다. 쇼핑을 싫어하는 편이지만 그곳의 역사와 사람 사는 향기가 가득한 벼룩시장만큼은 아무리 후미진 곳에 있더라도 꼭 찾아갈 정도로 좋아한다.

벼룩시장

벼룩시장을 가려고 길을 건너려는데 차들이 너무 빨리 달려 도저히 건너지 못하고 한참을 서 있었다. 이러다가는 밤새우겠다 싶어 행인의 옷소매를 부여잡고 "길 좀 건너게 도와주세요" 하는 표정을 지은 뒤에야 겨우 건널 수 있었다. 비슷한 경험이 레바논에서도 있었다. 전쟁이 터졌다 하면 차에 담요와 필수품을 싣고 뒤에서 날아오는 총탄을 피해 냅다 달려야 했던, 오랜 내전이 준 습관 때문이라는 말을 들었었다. 조지아에도 그런 연유가 있는 것일까. 늘 여유롭고 친절했던 조지아 사람들과는 다른 삶의 이면이 색다르게 다가왔다. 하여간 레바논과 조지아는 길 건너기 무서운 나라로 기억에 남아 있다.

트빌리시 벼룩시장은 규모도 컸지만 옛 소련 시절 훈장이나 군복, 전쟁의 흔적이 남은 물건들과 옷가지들, 조지아만의 독특한 정서를 담은 작품들까지 유럽과는 전혀 다른 볼거리로 가득했다. 이쑤시개 하나라도 줄여야 하는 배낭여행자의 입장에서 필수품 외에는 거의 소비를 하지 않는 편이지만 결국 작품 하나를 집어 들고 말았다. 조지아 정서가 듬뿍 묻어있는 유머 가득한 작품을 볼 때마다 그때 그 시간 속으로 나를 데려가 준다. 벼룩시장엔 독특한 화풍의 화

카페5047

가의 작품도 많았지만 프리미티비즘(원시주의)의 대가이자 조지아를 대표하는 국민화가 피로스마니(Pirosmani)의 모사품도 많았다. 대놓고 이렇게 모작을 파는 자체가 재미있다는 생각이 들었다.

사랑의 도시라 불리는 아름다운 마을 시그나기의 가난한 고아 출신 화가 피로스마니는 조지아 화폐에도 얼굴이 새겨질 만큼 유명하지만 생전엔 그림 그릴 재료조차 못 구할 만큼 가난했다고 한다. 캔버스 살 돈이 없어서 기름이 발라진 천에 그림을 그려야 했기에 그의 그림은 어둡고, 검은색 빨간색처럼 단일한 색의 조합이 많다. 노동자, 농부, 실업자, 부상당한 병사 등 서민과 동물을 단순하면서도 따스하게 그렸던 그의 그림은 19세기 말과 20세기 초 변혁과 전환의 시대를 살던 조지아 서민의 삶을 잘 그려냈다는 평가를 받고 있다.

가장 조지아다운 〈백만 송이 장미〉의 화가
피로스마니의 고향, 시그나기(Signagi)

트빌리시에서 하루 관광 코스로 인기가 높은 곳은 화가 피로스마니의 고향, 시그나기이다. 중세 남프랑스 마을에 도착한 듯 탁 트인 전망과 낭만적인 분위기는 피로스마니의 슬픈 생애조차 잊게 할 정도로 평화롭고 아름다웠다. 18세기에 지은 성벽과 조지아에 기독교를 전파한 성녀 니노의 유해가 묻힌 보드베 수도원(Bodbe Monastery)도 유명하다.

생은 얼마나 아이러니한가. 그토록 가난하고 슬픈 삶을 산 피로스마니의 그림은 피카소를 비롯해 생전에 부와 명성을 누린 세계 여러 화가에게 큰 영감을 주었다고 한다. 시그나기 주민들에 의하면 피카소는 생전에 피로스마니의 추모식에 자주 참석했을 만큼 그의 작품을 사랑했단다. 정식 미술교육을 받지 못한 피로스마니는 주로 선술집이나 작품 의뢰인의 집을 떠돌며 살다가 영양실조와 굶주림에 지친 채 후미진 방에서 숨을 거두었다. 트빌리시 성 니노 공동묘지의 '신원불명자' 구역에 장례조차 없이 매장되었으며 정확한 나이도 알려지지 않았다. 시그나기 박물관과 트빌리시 내셔널 갤러리에서는 그의 작품을 만날 수 있다.

그토록 가난했던 그에게도 가슴 설레는 사랑의 기적이 있었다. 트빌리시에 머무는 동안 그곳으로 공연을 온 프랑스 여배우이자 댄서, 가수인 마르가리타와 사랑에 빠지게 된 것이다. 인기 배우였던 마르가리타는 어느 날 아침 호텔 창문을 열어보고 깜짝 놀란다. 장미, 라일락, 아카시아, 모란, 백합, 야생 양귀비와 이름 모를 야생화들로 가득

트빌리시에서 만난 웨딩 커플

차 있었기 때문이다. 자신이 열렬히 사랑하는 마르가리타가 꽃을 좋아한다는 것을 안 피로스마니가 전 재산을 바쳐 셀 수 없이 많은 꽃을 선물한 것이다. 이 꽃들은 후에 〈백만 송이 장미〉라는 노래로 탄생했다.

트빌리시에 머물렀던 40여 일 동안 둘은 열렬한 사랑을 나누었다. 그러나 그곳에서의 공연 일정이 끝나자 마르가리타는 다시 프랑스로 돌아갔고, 피로스마니는 죽는 순간까지 마르가리타를 그리워하며 꽃을 든 그녀의 모습을 그림으로 남겼다. 그가 생을 마감한 작은 방에도 마르가리타를 그린 그림이 놓여 있었다고 한다. 우리에겐 가수 심수봉이 부른 노래로 잘 알려진 〈백만 송이 장미〉가 실은 조지아에서 시작된 것이다.

스탈린 시대 이후 최고의 시인으로 평가 받는 러시아 대표 시인 안드레이 보즈네센스키(Andrei Voznesensky)가 피로스마니가 죽은 후 그의 불운한 삶과 고독한 사랑 이야기를 시로 썼고, 거기에 라트비아 출신 작곡가가 곡을 붙여서 노래가 탄생했다. 러시아 시구로 만들어진 노래와 심수봉이 부른 〈백만 송이 장미〉의 가사를 비교해 보는 것도 재밌다.

피로스마니의 작품 〈꽃을 든 마르가리타〉

러시아 가요 〈백만 송이 장미〉

옛날에 한 화가가 살았네. 작은 집 한 채와 그림이 전부였네.
그는 꽃을 사랑하는 여배우를 사랑했다네. 화가는 집을 팔았네.
모든 그림을 팔고 동전 한 푼도 남기지 않았네.
그 돈으로 바다도 덮을 만큼 장미꽃을 샀다네.
백만 송이 백만 송이 백만 송이 붉은 장미
창가에서 창가에서 창가에서 그대가 보겠지.

사랑에 빠진 사랑에 빠진 사랑에 빠진 누군가가
그대를 위해 자신의 인생을 꽃으로 바꿔 놓았다오.

아침에 당신이 창문가에 서게 되면 어쩌면 당신은 정신이 아찔할지도 모르지.
마치 꿈의 연장인 것처럼 광장이 꽃으로 넘칠 테니까.
정신을 차리면 궁금해하겠지.
어떤 부호가 여기다 꽃을 두었을까 하고
창 밑에는 가난한 화가가 숨도 멈춘 채 서 있는데 말이야.
만남은 짧았네. 밤에 기차가 그녀를 데려가 버렸네.
하지만 그녀의 인생에는 넋을 빼앗길 듯한 장미의 노래가 함께 했다네.
화가는 혼자서 불행한 삶을 살았지만
그의 삶에도 꽃으로 가득한 광장이 함께 했다네.

심수봉의 〈백만 송이 장미〉

그 옛날 어느 별에서 내가 세상에 나올 때
사랑을 주고 오라는 작은 음성 하나 들었지
사랑을 할 때만 피는 꽃 백만 송이 피워 오라는
진실한 사랑 할 때만 피어나는 사랑의 장미
미워하는 미워하는 미워하는 마음 없이
아낌없이 아낌없이 사랑을 주기만 할 때
백만 송이 백만 송이 백만 송이 꽃은 피고
그립고 아름다운 내 별나라로 갈 수 있다네

진실한 사랑은 뭔가 괴로운 눈물 흘렸네
헤어져 간 사람 많았던 너무나 슬픈 세상이었기에
수많은 세월 흐른 뒤 자기의 생명까지 모두 다 준
비처럼 홀연히 나타난 그런 사랑 나를 알았네

'사랑의 마을'로 불리는 시그나기에서는 24시간 아무 때나 주례를 부를 수 있다고 한다. 라스베이거스처럼 언제든지 결혼식을 올릴 수 있다니 이곳에 흐르는 이야기만큼이나 낭만적이다. 피로스마니의 유래를 알고 노천카페에 앉아 피로스마니라는 이름의 와인을 마시며 음미해보는 가사가 애잔했다. 마침 결혼식을 막 마친 한 쌍의 커플이 눈에 들어왔다. 여성의 웨딩드레스야 만국 공통이라지만 조지아 남성의 복장이 너무 멋져서 눈이 휘둥그레졌다.

트빌리시와 시그나기에서는 피로스마니 그림을 패러디한 간판과 벽화를 자주 만날 수 있다. 일부만 즐기는 특권층의 그림이 아니라 이곳 사람 모두가 생활 속에서 마음 깊이 사랑하는 '가장 조지아다운' 그림이라는 생각이 들었다.

독특한 모양의 피로스마니 와인 병

1라리 피로스마니 화폐

러시아 문호들이 사랑한 조지아

러시아의 문호들은 너도나도 조지아를 사랑했다. 막심 고리끼는 러시아를 방랑하던 중 조지아에서 최초의 작품인 《마까르 추드라》를 썼다고 전해진다. 그때 사용한 필명이 막심 고리끼인데 최대의 고통이란 뜻이다. 그는 "코카서스산맥의 장엄함과 낭만적 기질을 지닌 사람들 덕분에 방황에서 벗어나 작가가 되었다"고 회고할 정도였다. 이곳에서 주둔군으로 4년을 복무했던 톨스토이도 조지아를 배경으로 몇 편의 소설을 남겼다. 〈코카서스의 포로〉라는 단편소설이 대표적이다. 누구보다 조지아를 사랑한 문호는 푸시킨이었다. 우리에겐 〈삶이 그대를 속일지라도〉라는 시로 잘 알려진 푸시킨은 이 시를 쓸 당시 조지아의 매력에 푹 빠져 있었다고 한다. 트빌리시 구도심 자유 광장 옆에 '푸시킨 공원'이 있을 정도다.

그루지아 언덕에 밤안개 걸려 있고
발아래 아라브가강 굽이쳐 흐르네
내 마음 쓸쓸하고 가벼우며
내 슬픔은 너로 가득차 있네
너, 너만이라도……
내 참담한 가슴이여
이제 그 무엇도 고통스럽고 심란케 하지 않으니
내 심장 또 다시 불타고 벅차오르네
사랑하지 않을 수 없기 때문에
– 그루지아 언덕에서

트빌리시는 5세기경에 도시의 면모를 갖추었다. 전설에 의하면 고르가실리 왕이 매와 함께 꿩 사냥을 나섰는데, 아끼던 매와 꿩이 뜨거운 연못에 빠졌다. 이에 왕이 숲의 나무를 모두 베어버리고 도시를 세우라 명했다고 한다. 그 연못이 메테키 교회 건너편에 있는 유황 온천 지구 아바노투바니이다. 17세기부터 형성된 온천욕장이 지금까지 명맥을 유지하고 있는 것이다(Blue bath, Iraki bath, Royal bath 등이 유명하다). 트빌리시라는 이름 자체가 조지아어로 '뜨거운 곳'이라는 뜻이다.

유황 온천 지구 아바노투바니

푸시킨 동상

텔라비, 시그나기, 고리, 쿠타이시까지 여러 도시를 거치다 보니 여독을 풀어줄 온천 생각이 간절했다. 마침 푸시킨이 즐겨 찾았던 유서 깊은 온천이 있다는데 어찌 그냥 지나칠 수 있으랴. 그런데 어찌 된 일인지 이를 아는 사람이 별로 없어 애를 먹었다. 숙소의 한 직원이 친구들에게 물어 물어서 푸시킨이 사랑했다는 온천을 겨우 찾았다. 므츠바리강의 동쪽 나리칼라 요새 발치에 둥글고 넓은 돔 형태의 지붕을 한 유황 온천이 10여 개 정도 모여 있었다. 유황 냄새가 강하게 풍기는 곳이었다. 가족 욕실에 혼자 들어가 호젓하게 온천을 즐겼다. 계곡에서 발원했다는 유황과 미네랄이 풍부한 천연 온천은 그간 몸과 마음에 쌓인 피로를 풀어주기에 충분했다. 다시 태어난 기분으로 온천을 나오는 길, 입구에 새겨진 푸시킨의 글귀와 서명이 고개를 끄덕이게 했다.

"세상에 이보다 좋은 곳은 없다."

Travel Tips

인천과 트빌리시를 잇는 직항은 없다. 카자흐스탄 아스타나, 터키 이스탄불, 카타르 도하 등을 경유하는 것이 일반적이다. 언어는 조지아어, 러시아어를 쓰며 화폐는 라리(Lari)를 사용한다. 1라리는 한화 400원 정도다. 대표 도시는 수도 트빌리시를 비롯해 와인의 고장 텔라비, 시그나기, 카즈베기 등이 있다. 일반적으로 조지아만 여행하기보다 코카서스 3국이라 불리는 아르메니아, 아제르바이잔과 함께 여행하는 것이 일반적이다.

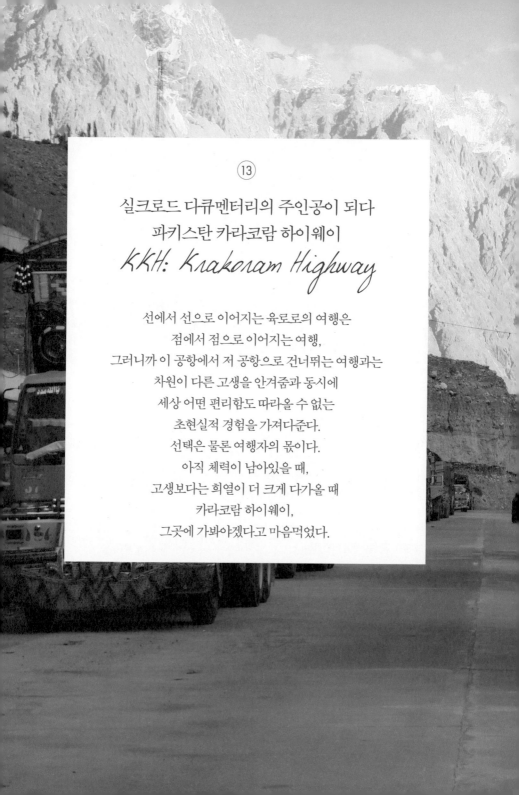

⑬

실크로드 다큐멘터리의 주인공이 되다
파키스탄 카라코람 하이웨이
KKH: Krakoram Highway

선에서 선으로 이어지는 육로로의 여행은
점에서 점으로 이어지는 여행,
그러니까 이 공항에서 저 공항으로 건너뛰는 여행과는
차원이 다른 고생을 안겨줌과 동시에
세상 어떤 편리함도 따라올 수 없는
초현실적 경험을 가져다준다.
선택은 물론 여행자의 몫이다.
아직 체력이 남아있을 때,
고생보다는 희열이 더 크게 다가올 때
카라코람 하이웨이,
그곳에 가봐야겠다고 마음먹었다.

파키스탄의 명물 트럭아트

여름과 겨울을 오가며 달려가는
3700킬로미터의 여정

인도 델리에서 출발하여 파키스탄 이슬라마바드(Islamabad), 쿤자랍
패스를 넘어 중국 카슈가르(Kashgar)와 키르기스스탄(Kyrgyzstan)
을 지나 우즈베키스탄의 수도 타슈겐트(Tashkent)까지 23일간 무려
3700킬로미터의 실크로드를 달려왔다. 이중 중국과 파키스탄을 잇
는 1300킬로미터의 산악 포장도로를 카라코람 하이웨이라고 부른
다. 해발 4800미터 언저리의 고산을 여러 번 오르내리고 여름과 겨울
을 오가며 5개 나라의 국경을 넘어 육로로 달려가는 여정은 도시 사
이를 비행기로 껑충껑충 건너뛰는 여행과는 차원이 다른 경험을 안
겨주었다.

인도의 최북단 라다크(Ladakh)로 가는 육로 여행이 그랬고, 시킴(Sikkim)을 지나 부탄으로 넘어가는 길도 그랬다. 세계에서 가장 긴 나라 칠레의 길이를 직접 몸으로 느끼고 싶어 30시간 동안 버스를 타고 가며 만났던 창밖의 변화. 나라는 달라도 닮은 사람들, 문화들, 그들 간의 소통과 연결, 단절과 묘한 긴장감들이 오롯이 느껴져 내가 사는 세상이 어떤 모양으로 굴러가는지 지난 역사 속에서 어떤 모습으로 굴러왔는지를 조금은 더듬어 볼 수 있었던 시간이었다.

남들이 가지 못한 곳을 가보고 나면 조금은 더 완전한 내가 된 듯한 기분이 든다. 그렇게 매번 힘들어하면서도 '조금 더 깊은 곳'으로, '조금 더 멀리'를 꿈꾸게 된다. 파키스탄의 라호르, 이슬라마바드, 탁실라, 미나핀을 지나 여행자의 로망 훈자까지. 국경 마을 소스트를 지나 중국의 파미르 고원을 넘어 카슈가르까지. 이름조차 낯설기만 했던 장소들이 이제 조금은 익숙한 얼굴로 다가온다. 어느 날 문득 영화나 다큐멘터리에서 이들 지명이라도 보고 듣는다면 오랜 친구를 만난 듯 반가울 것 같다.

세 개의 산맥과 두 개의 강이 만나는 곳

카라코람 하이웨이는 국가와 국가를 연결하는 세계에서 가장 높은 도로이다. 수많은 고봉과 빙하로 이루어져 있는 카라코람산맥은 길고 긴 세월 동안 인간의 발길을 거부했던 험준한 지역이다. 그러나 새로운 문명을 향한 인간의 도전과 모험 정신이 이곳에도 결국 길을 내고야 말았다. 1966년 짓기 시작해 12년 만인 1978년 6월에 개통된 카라코람 하이웨이가 그것이다. 험준한 지형 탓에 공사는 난항을 거듭했고 그 과정에서 무려 3천 명이 넘는 사람들이 희생되었다. 비싼 대가를 치르고 마침내 열린 하늘길은 거대한 문명을 잇는 대동맥이 되었다. 역사 속 인물 혜초와 고선지를 비롯한 대상들이 문물을 실어 나르던 옛 실크로드를 뒤로한 채, 지금은 새로운 시대를 여는 상징이 되고 있다.

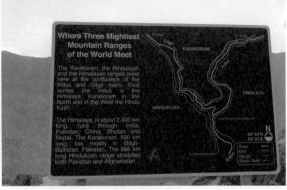

세 개의 산맥(히말라야, 카라코람, 힌두쿠시)과 두 개의 강(인더스강, 길릿강)이 만나 얽히고설키며 흘러가는 교차로에 차를 멈추고 전망대에 오르니 말도 표현하기 힘든 정기가 느껴졌다. 옛 실크로드 표식을 따라 시선을 돌리니 날카롭고 긴 손톱으로 산맥 한가운데를 할퀴고 지나가기라도 한 듯 가늘고 긴 선이 눈에 들어왔다. 역사 시간에 들어오던 바로 그 '비단길'이었다. 당나귀나 말에 의지하여 짐을 싣고 걸어서 넘나들었을 길이, 지금은 탁 트인 고속도로 위로 알록달록 색을 칠한 파키스탄의 명물 트럭아트와 마을버스 스즈끼, 여행자들을 실은 미니버스와 지프가 달리고 있다. 트럭아트는 미국 워싱턴의 스미스소니언 박물관에 전시되어 있을 정도로 유명하다.

파키스탄 현지 가이드 압둘후는 한국인 와이프가 있단다. 그러나 여인은 파키스탄 여인이 제일 아름답다며 너스레를 떨었다. 그날 밤 소박한 숙소에서 만난 여인들을 보니 그의 말에 도저히 반박할 수 없었다. 수줍은 듯 순수함이 가득한 얼굴은 내가 사는 곳에선 오래전 사라진 참 귀한 표정이었다.

몇 년 전 라다크에 갈 때만 해도 해발 4200미터 정도는 가뿐히 넘고 미니밴 위에 올라가 브이자를 그리며 사진을 찍기도 했건만. 3000미터도 안 되는 고개에서 그저 가쁜 숨을 고르기 바빴다. 길릿을 지나 미나핀에 여장을 풀었다. 내내 황토빛 땅과 녹색 나무 풍경이 이어졌다. 나귀를 끌고 풀을 베는 사람들의 모습을 보고 있으니 마치 타임머신을 타고 먼 과거로 돌아간 듯했다.

아타아바드 호수

세상에서 가장 높은 국경
쿤자랍패스(Khunjerab Pass)

해발 3000~5000미터에 이르는 길을 오르내리다 보니 고산증에 시달리기 쉽고, 마땅한 휴게소나 화장실도 없어 불편하지만, '궁극의 길'이란 표현이 아깝지 않을 만큼 최고의 뷰를 선사해준다. 이 길 위에선 잠시도 지루할 틈이 없었다. 고개를 아무리 뒤로 젖혀도 정상이 보이지 않는 설산과 히말라야 빙하가 녹아서 만들어진 에메랄드 빛 아타아바드 호수, 영화 〈인디아나 존스〉에도 나왔다는 후사이디두트 서스펜션 브리지까지. 세상 어디에서도 보지 못했던 경이로운 풍경이 눈앞에 펼쳐졌다. 카메라에 다 들어오지 않는 압도적 스케일은 미국 서부의 협곡들도 가뿐히 눌러버리고 남을 규모였다. 노래를 흥얼대거나 수다를 떨던 사람들도 어느새 조용해졌다. 할 말을 잃는다는 건 이런 것이라고 생각했다.

카라코람 하이웨이를 여행하기 가장 좋은 시기는 봄에서 이른 가을까지이다. 이 기간을 제외하면 폭풍을 동반한 눈으로 통행이 어렵다. 옛날 옛적 산적이 대상과 수도승을 상대로 약탈을 자행해 '피의 계곡'이라는 뜻의 이름이 붙은 쿤자랍고개는 현장법사가 "죽은 이의 뼈를 이정표 삼아 넘었다"는 전설이 있을 정도로 험준했다. 이 길의 매력 포인트 중 하나는 세계에서 가장 높은 곳에 있는 국경, 쿤자랍패스이다.

서스펜션 브리지

346

긴장한 채로 해발 4693미터의 국경에 도착했다. 고산증으로 인한 두통과 어지럼 증
세에도 설산이 굽이치는 광활한 풍경에 가슴이 뻥 뚫리는 것 같았다. 짐과 여권을 검
사하느라 줄을 서서 기다리는 동안 일행들이 하나둘 고산증을 호소하자 아직 어린 티
가 역력한 중국 군인이 다가오더니 은단 맛의 작은 알갱이를 한 움큼씩 쥐여 주었다.
현지 약의 효과일까? 한결 가벼워진 몸으로 국경을 넘을 수 있었다.

파미르 고원

세상에서 가장 아름다운 호수로 꼽히는 파미르 고원 카라쿨 호수에 잠시 멈추었다. 6년 전 중국 서부 신장 지역을 여행할 때 이곳을 지나면서 "살면서 이곳을 다시 올 일이 있을까?" 했었다. 역시 사람 일이란 알 수가 없다. 6년 전 그날은 눈보라 치는 추운 날씨였는데 오늘은 더없이 따뜻하고 맑은 날이었다.

문명의 때가 묻지 않은
순박하고 친절한 사람들

"그 위험한 곳을 왜?"

파키스탄에 간다고 하면 사람들의 반응은 한결같다. 그러나 여행을 좀 해본 사람은 안다. "위험한 곳"이라고 불리는 장소는 일부에 불과하며, 바깥에서 보면 휴전선이 엄연히 존재하는 대한민국이야말로 세상에서 가장 위험한 나라로 여겨진다는 것을. 파키스탄 역시 일부 극단주의자들이 은거하는 지역을 제외하면 세상에서 가장 친절하고 순수한 사람들이 사는 곳이라는 것도. 다소 위험한 구간인 나란(Naran)-길기트(Gilgit)-카리마바드(Karimabad)는 총을 든 파키스탄 경찰이 직접 동행하며 보디가드까지 해주니 세상 어디서 이런 경험을 해볼까 싶을 정도이다.

라호르 사람들은 평소 외국인을 잘 못 보는 탓인지 남녀노소 할 것 없이 여행자와 함께 사진 찍기를 좋아했다. 보통 여행자가 현지인의 사진을 담으려고 애써야 하는 것과 정반대다. 그들의 요청 방식 또한 치근덕거리는 게 아니라 너무도 예의 바르고 조심스러워서 조금도 기분이 상하지 않았다. 한 사람과 사진을 찍고 나면 자기와도 함께 찍어달라며 우르르 몰려와 줄을 서는 진풍경이 벌어졌다.

고행하는 붓다상(Fasting Buddha)

파키스탄의 수도 라호르는 인도의 아그라, 델리와 함께 무굴 제국의 번영과 예술의 숨결을 간직한 도시이다. 한때 서아시아와 인도를 연결하는 실크로드의 요충지였으며, 지금도 파키스탄의 상업, 금융 등 유통 경제의 중심지 역할을 한다.

라호르에서 가장 인상 깊었던 것은 타임머신을 타고 날아간 듯한 재래시장 풍경과 라호르 박물관, 그리고 입이 딱 벌어질 만큼 아름다운 건축미를 지닌 라호르 성이었다. 라호르는 종교적 관점에서 아주 중요한 도시인데, 시크교를 창시한 나나크(Nanak)의 고향인 동시에 간다라 시대의 불교 미술을 풍부하게 만날 수 있다.

라호르 박물관은 파키스탄에서 가장 오래된 박물관이다. 1894년에 조성된 박물관의 외양은 다소 허술해 보였지만 세상 어디서도 보기 힘든 소중한 보물들을 품고 있었다. 8개의 전시실에는 간다라의 불교 미술과 인더스강 유역의 출토품, 실크로드를 통해 들어온 중국의 도자기와 비단, 파키스탄 각지의 민속 의상과 무굴 제국의 예술품 등이 가득했다. 에어컨도 안 나왔지만 모든 불편을 잊게 할 만큼 전시품 하나하나가 다 놀라웠다.

라호르 박물관의 고행하는 붓다상

그중에서도 내 마음을 사로잡은 것은 고행하는 붓다상이었다. 높이 약 80센티미터의 이 불상은 6년간 극심한 고행을 막 끝낸 뒤, 뼈와 가죽만 남은 석가모니의 마지막 단계의 수행 모습을 온전히 느낄 수 있게 해주었다. 수행과 깨달음의 과정이 얼마나 어려운가를 깨닫게 해주는 이 불상을 달라이라마도 가장 좋아한다고 한다.

배낭여행자의 블랙홀
훈자(Hunza)

여행자들 사이에서 샹그릴라, 혹은 블랙홀이라 불리는 훈자는 나의 오랜 꿈이었다. 과연 그 멀고 험한 곳에 내 발길이 닿는 날이 올까 궁금했다. 꿈꾸는 것은 언젠가 이루어지는 법. 어느 날 눈을 떠보니 난 훈자마을에 있었다.

사람들이 왜 그토록 훈자, 훈자 했는지 이해가 갔다. 사방이 6천미터가 넘는 설산으로 둘러싸여 있고 그 아래엔 빙하가 녹으면서 형성된 잿빛 강이 흘렀다. 쭉 뻗은 녹색의 사이프러스 나무들 사이에서 살구가 주렁주렁 익어가고, 소박한 지붕 위엔 살구를 널어 말리는 한없이 친절한 사람들이 살고 있었다. 빙하와 녹색 나무와 정겨운 사람들. 한 장면에 담기 불가능할 것 같은 마을이 한 프레임에 들어오니 현실인 듯 아닌 듯 몽롱해졌다. 마치 컴퓨터로 합성한 모습 같았달까. 4월엔 온통 분홍 살구꽃이 피어 무릉도원이 따로 없다는데. 나로선 그저 이곳에 닿았다는 것만으로 행운처럼 느껴질 정도로 훈자는 대단했다.

빙하 녹은 물이 흐르는 훈자 마을

여자의 손톱처럼 생긴 레이디 핑거 봉우리

훈자에서 360도 파노라마로 고봉들을 한눈에 볼 수 있다는 이글네스트(Eagles Nest)
전망대에 올라섰다. 가장 높은 히말라야 고봉이자 세계에서 27번째 높은 봉우리 라
카포시(Rakaposhi, 7788m)를 비롯해, 여자의 손톱처럼 생겼다고 해서 레이디 핑거
라 불리는 봉우리, 훈자피크, 골든피크 등 기상천외한 모양과 압도적인 높이의 고봉
을 보고 있자니 앞으론 어떤 산을 본다 해도 감흥이 없을 것 같다는 예감이 들었다.

수도꼭지를 틀자 흙탕물이 나왔다. 처음엔 샤워도 머뭇거려졌다. 그러나 그 물이 빙하가 녹은 물이라는 것을 알고 난 뒤로는 아무렇지도 않았다. 오히려 '지상에서의 완벽함'이란 이런 것이란 생각이 들었다. 비현실적인 풍경에 물마저 완벽했다면 그건 이 세상의 것이 아닐 테니.

이글네스트에서 바라본 고봉들의 파노라마

대중교통 수단 스즈끼

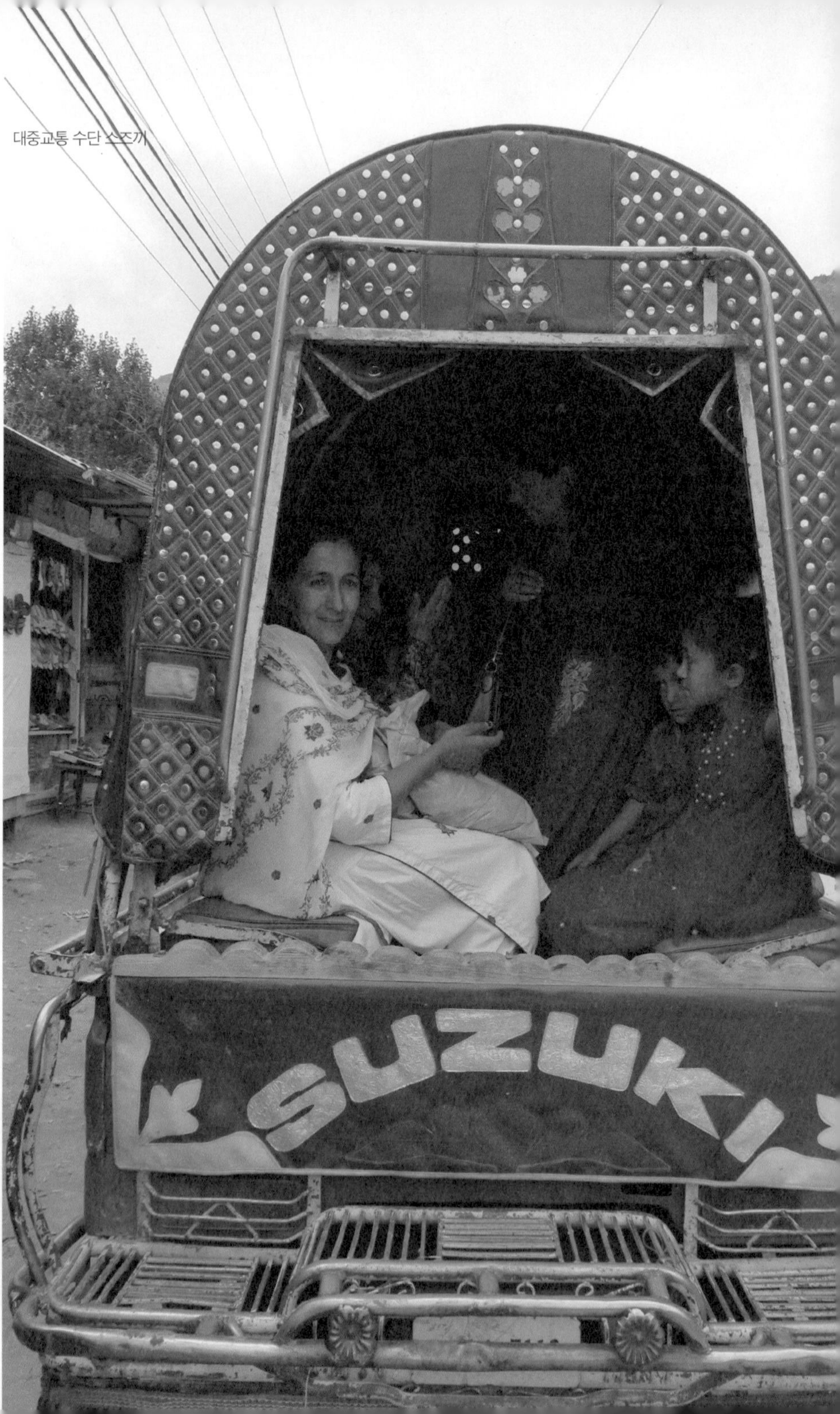

세상에서 히치하이킹이 가장 쉬운 곳

훈자마을에서의 둘째 날은 어슬렁데이로 정했다. 오랜만에 늦잠을 자고 숙소 뜰에서 뒹굴다가 한국 손님이 많이 묵는다는 숙소 카림아바드인(Karimabad Inn)까지 가보 기로 했다. 이곳의 대중교통인 스즈끼를 타면 20루피(200원)밖에 안 하지만 이조차 굳이 기다릴 일이 없었다. 방향만 맞으면 지나가던 차들이 멈춰서 태워 주었다. 세상 에서 히치하이킹이 가장 쉬운 곳. 평화와 존중, 관용을 삶의 모토로 하는 이곳 사람들 에게 이런 일쯤 당연하다고 여기는 듯 보였다. 두 번의 히치하이킹으로 언덕 꼭대기 에 있는 카림아바드인에서 오랜만에 김치찌개를 먹고 내려오는 길. 마을 구경도 할 겸 차도가 아닌 꼬불꼬불 동네 골목길을 따라 내려왔다. 언제나 가장 좋은 기억은 유 명한 관광 명소가 아닌 예기치 않은 장소에서 생기는 법!

전통 복장을 한 할머니와 며느리, 손자가 살구를 열심히 지붕에 널고 있었다. 그 모습 에 매료되어 내 발길이 나도 모르게 그만 집안으로 성큼 향하고 말았다. 놀라기는커 녕 살구를 손에 쥐여주며 이런 저런 설명을 해주었다. 카메라를 든 우리를 보더니 여 인은 자기 아들이 노래를 아주 잘한다며 부끄러워하는 아이에게 노래를 해보라고 시 켰다. 처음엔 쑥스러워하던 아이가 귀에 익은 팝송을 들려주었다. 마치 오디션 프로 그램에 스타 발굴이라도 하러 나온 사람인 양 나는 동영상을 찍기 시작했다. 아이의 목소리와 외모는 훈자마을 사람만 보기엔 진정 아까운 것이었다.

다시 몇 걸음 옮기다 보니 전날 본 발티트 포트(Baltit Fort) 유적지와 비슷한 모양의 유서 깊은 집이 보였다. 사진을 찍으려고 포즈를 취하는데 아름다운 여인이 손을 흔들었다. 나도 따라 손을 흔들고 지나가려는데 상대가 멈추지 않고 계속 손을 흔들었다. 자세히 보니 집으로 들어오라는 손짓이었다. 아름다운 여인의 유혹에 이끌려 맛있는 살구도 대접받고 짜이도 마셨다.

하나둘 아이들이 들어오더니 자연스레 내 옆에 앉았다. 오지의 아이들에게서 느껴지는 공통점은 어른스러움이다. 초등학생쯤이나 되었을 아이가 동생을 업거나 안고 돌봐주는 모습이 마치 엄마처럼 능숙했다. 여인의 유창한 영어실력에 놀랐는데 학교 선생님이란다. 방학이라 길릿에 사는 사촌들도 와서 함께 지내는 중이라고. 그중 한 아이는 마흔 살의 한국 친구가 있다며 한국에서 온 나를 반가워했다. 그는 팔에다가 헤나로 자기 이름을 한글로 새겨두기까지 했다. 아마 어느 배낭여행자가 좋은 이미지를 남겼던 모양이다. 훈자를 아름답게 하는 건 역시 사람이고 우린 이렇게 연결되어 있었다.

이방인을 환대하는 훈자의 여인들

탐스럽게 익어가는 살구

훈자는 위치상 인도 반도의 북서부이지만 파키스탄령 잠무 카슈미르(Jammu & Kashmir)에 있는 지역이다. 원래는 파키스탄과 분리된 부족 국가로 카라코람산맥 언저리에 조용히 똬리를 튼 작은 왕국이었다. 드높은 설산이 병풍처럼 펼쳐진 해발 2500미터에 세워진 이 작은 왕국은 우리가 역사 속에서 수없이 들어온 알렉산더 대왕이 더 이상 전진하지 못하고 동양 정복의 꿈을 접으면서 머물고 싶었던 곳이라고 전해진다.

그래서일까? 이곳 사람들의 외모는 파키스탄의 다른 지역과는 다른 서구적 느낌이 물씬 풍긴다. 전설에 따르면 기원전 325년 알렉산더 대왕의 동방 원정 당시 잔류한 3명의 군사와 그들의 페르시아 아내들이 터를 잡으면서 훈자왕국이 시작되었단다. 그들은 스스로 알렉산더의 후예라고 생각하기도 한다니 나도 거기에 무게를 실어주고 싶은 마음이 들었다.

Travel Tips

중국 카슈가르, 파키스탄 이슬라마바드 양쪽에서 출발이 가능하다. 국내에서 출발하는 직항은 없고 인천-시안-카슈가르, 인천-북경-이슬라마바드가 최단 루트이다. 여행하기 가장 좋은 시기는 봄에서 이른 가을까지이며, 겨울 동안에는 폭풍을 동반한 눈으로 인해 도로가 끊긴다.

이슬라마바드를 벗어나면서부터 포장도로와 비포장도로가 이어지다가, 쿤자랍패스를 넘어 중국에서부터는 도로 사정이 좋아진다. 파키스탄은 운전석이 우리와는 반대이다. 체크포인트가 수시로 나오니 여권을 항상 소지하는 게 좋다.

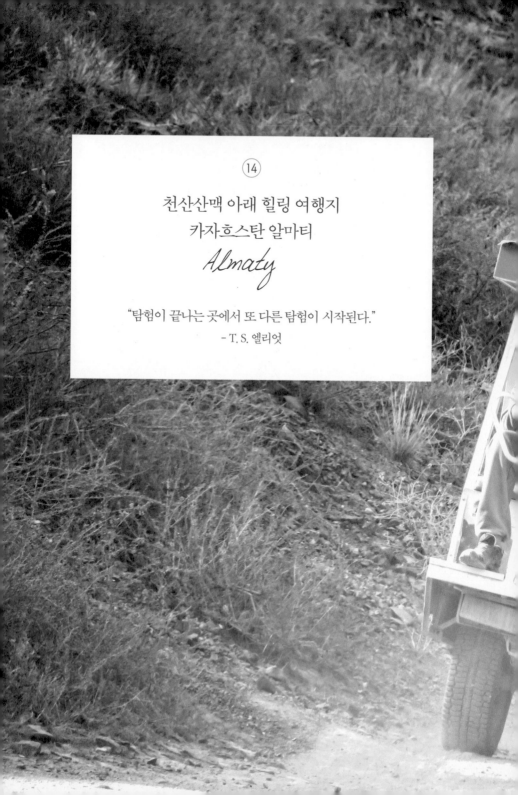

(14)

천산산맥 아래 힐링 여행지
카자흐스탄 알마티
Almaty

"탐험이 끝나는 곳에서 또 다른 탐험이 시작된다."
- T. S. 엘리엇

주변국의 장점을 관대하게 품은 나라

이륙한 지 얼마나 되었을까. 창밖을 보니 하얗게 이어진 선이 보인다. 구름인가 했더니 길이가 무려 2000킬로미터에 달한다는 천산산맥이다. 천산산맥은 중국, 우즈베키스탄, 키르기스스탄, 카자흐스탄 네 나라에 걸쳐 있다. 비행기가 사뿐히 내려앉았다. 병풍처럼 둘러싸인 만년 설산 아래로 녹색의 나무들과 아기자기한 건물들이 포근히 안겨있는 모습이 제일 먼저 눈에 들어왔다. 알마티에서의 시간이 차분하면서도 평화롭게 흘러갈 것이란 기대감을 품게 하는 풍경이었다.

중앙아시아의 많은 나라들 이름에 붙은 '스탄(stan)'은 랜드(land), 땅이라는 뜻이다. 오랜 기간 소련의 지배에 있었던 탓에 러시아어와 카자흐어를 사용하며 이슬람교와 러시아 정교를 믿지만 종교 색채 자체는 엷다. 130개에 이르는 다민족으로 구성되어서인지 음식과 풍경, 종교와 문화 모든 면에서 주변국의 장점을 관대하게 품고 있다. 북적대지 않으면서도 원하는 모든 것이 있는 곳. 한국인들에겐 봉오동 전투로 유명한 독립운동가 홍범도 장군이 마지막 생애를 마친 곳이자 지금도 10만 고려인이 사는, 우리에게도 역사적인 땅이다.

천산산맥

대통령 공원

대자연과 유럽풍 시티라이프를 동시에
경제 문화 관광 중심지, 알마티(Almaty)

유럽과 아시아를 잇는 관문이자 유라시아의 심장이라 불리기도 하는 곳. 수도를 옛 아스타나 지역, 누르술탄으로 옮기기 전까지 카자흐스탄의 중심지였던 곳. 인천공항에서 카자흐스탄 직항 에어아스타나를 타고 6시간 반이면 도착하는 알마티는 세계에서 9번째로 큰 나라 카자흐스탄의 경제 문화 관광의 중심지다. 알마티라는 지명은 사과를 뜻하는 '알마'와 할아버지를 뜻하는 '아타'가 합쳐진 알마아타에서 유래될 만큼 사과로 유명한 지역이다. 알마티의 가로수길이랄 수 있는 아르바트 거리는 세련된 노천카페들과 스타벅스, 세계적 의류 브랜드 망고 같은 글로벌 체인점들로 가득했다. 현지인들의 여유로운 모습이 한껏 도드라졌다.

대통령 공원의 'ALMATI SENI'라고 쓰인 푯말 앞에서 사람들이 단체 사진을 찍고 있었다. 우리가 "김치~"라고 하며 웃는 표정을 유도하는 것처럼, 이들은 "SENI"라고 하며 사진을 찍었다. 그 뜻은 '사랑'이라고 한다.

젠코프 성당(Zenkov Cathedral)은 1903년 지어지기 시작해 1907년 7월 30일에 공개되었다. 54미터의 높이로 세계에서 두 번째로 높은 목조 건축물이란다. 못을 하나도 사용하지 않고 지어졌으며, 1911년 도시의 건물 2000여 개가 파괴되는 대지진 속에서도 살아남은 몇 안 되는 건축물 중 하나이다. 혁명 이후 역사박물관, 문화 센터 등으로 사용되다가 1990년에야 성당 본연의 모습을 갖게 되었다고 한다. 성당 안에서 진심을 다해 기도하는 모습도 인상적이었지만 광장에서 비둘기가 평화롭게 모이를 먹고, 그 속에서 여유를 즐기는 사람들은 평범하고 소박한 삶의 소중함을 일깨워주었다.

오래전부터 야채나 과일을 주로 판매하여 초록시장이라 불리는 질료니 바자르(Zelyony Bazar)는 현대적으로 꾸며져 있어서 재래시장이라기보다 마트 같았다. 말고기를 파는 정육점과 낙타나 말의 젖으로 만든 치즈를 파는 가게들, 손님이 없어 무료한 듯 휴대폰으로 드라마를 보는 상인들, 과일 주스를 갈아서 파는 활기찬 청년들, 그리고 고려인들이 김밥과 김치, 반찬을 파는 코너도 있었다. 이곳에 사는 고려인이 무려 10만 명이나 된다니 낯설던 마음이 어느새 사라지고 푸근해지는 기분이었다.

카자흐스탄 여행을 떠나기 전 한 친구가 오페라를 봤는데 너무 인상적이었다며 꼭 고려극장에 들러 인증 샷을 보내달라고 부탁했다. 고려극장은 중앙아시아 동포 사회의 구심점 역할을 하는 곳으로 뮤지컬, 연극 등 한국어 공연이 이뤄지는 한인종합예술극장이었다. 특히 홍범도 장군이 죽기 전 마지막 3년을 수위로 일하며 쓸쓸하고 외로운 생의 마지막을 보낸 곳이라고 하니 더욱 가보고 싶어졌다. 한때 우리나라에서도 상영한 바 있는 〈극장 앞 독립군〉이라는 뮤지컬은 홍범도 장군이 당시 태장춘 고려극장장을 만나 들려준 일대기를 담아 만든 〈날으는 홍범도〉라는 연극을 음악극으로 만든 것이란다. 내가 찾아간 날은 문이 굳게 잠겨 있어서 관리인을 찾아가 부탁한 끝에 무대 뒤편 정도만 볼 수 있었다. 2021년 광복절을 기념하여 그의 유해가 한국으로 돌아왔다니 참으로 다행이다.

젠코프 성당 앞 풍경

위구르족 마을에서의 점심

둘째 날, 차린협곡을 향해 달렸다. 도심을 벗어나자 차량도 별로 없고 양쪽으로는 끝없는 옥수수밭이 펼쳐졌다. 양 떼와 말만 보이는 황량한 길이었다. 살짝 지루해질 무렵 점심도 먹을 겸 위구르족 마을에 내렸다. 중국 신장 위구르족 마을과 비슷했다. 세상은 이토록 신기했다. 어느 국경이든 교집합의 삶이 있고, 그것을 발견하는 일은 여행자에겐 마치 퍼즐을 푸는 듯한 신기함과 깨달음을 주곤 한다.

길가에 늘어선 가게에는 내가 좋아하는 하미과(노란색 껍질의 멜론)를 비롯한 과일과 빵을 팔고 있고, 골목 안 맛집에선 샤슬릭을 굽는 연기가 가득 피어오르고 있었다. 샤슬릭은 우즈베키스탄을 비롯해 중국 신장 등에서 먹는 주요 음식으로, 튀르크어로 꼬챙이를 뜻하는 '쉬시'에서 유래한 양꼬치다. 두툼하게 썬 양고기에 소금과 후추, 각종 향신료로 간을 한 후 꼬치에 꽂아 숯불로 훈연한다. 특유의 풍미와 함께 씹을 때 느껴지는 풍부한 육즙은 그동안 먹어본 것 중 첫손가락에 꼽을 정도의 맛이었다. 육류가 귀했던 과거에는 부자들이 연회 때 손님에게 대접하는 요리였으나 오늘날에는 주말이면 누구나 다차(교외에 있는 별장)에서 샤슬릭을 구워 먹으며 즐길 정도로 대중화되었다고 한다.

374 배가 부르니 그제야 식당 안의 독특한 분위기가 눈에 들어왔다. 각각 혼자서 식사하
는 노인, 막걸리처럼 보이는 차를 마시는 호탕한 두 여인의 모습이 인상 깊어 양해를
구하고 카메라에 담았다. 늘 실감한다. 세상 어느 풍경보다 아름다운 건 사람이라는
것. 현지인의 얼굴엔 그곳의 역사와 풍경이 모두 담겨 있다.

알마티의 그랜드 캐니언
차린협곡(Charyn Canyon)

카자흐스탄의 그랜드 캐니언이라 불리는 차린협곡은 1500만 년 전 지각 변동으로 생긴 것으로 지질학적, 생태학적 보호를 위해 2004년 국립공원으로 지정되었다. 지면으로부터 150~300미터 깊이로 패인 협곡이 무려 154킬로미터. 대략 서울에서 대전까지 이어지는 셈이다. 입구에 도착하니 몸을 날려버릴 듯 세찬 바람이 격하게 환영해 주었다.

협곡 아래로 향하는 계단을 따라 내려가며 약 2킬로미터 정도 맛보기 트레킹을 했다. 닳고 닳은 관광지라면 저 바위는 무슨 바위고, 저 바위는 무슨 바위라며 이름을 붙이고도 남았을 황토 빛 기암괴석들과 '낙타가시'로 불리는 수풀 사이를 걸었다. 웨딩 사진을 찍는 커플과 휴대폰으로 추억을 남기기에 바쁜 젊은이들, 작심한 듯 트레킹 복장을 갖춘 유럽 여행객들이 눈에 들어왔다. 절벽 위아래 길로 트레킹이 가능해서 아웃도어를 즐기는 이들에게도 매력적인 장소였다.

걸어서 돌아보기엔 너무 거대한 곳이었다. 몽골에서 봤던 소련 시절의 교통수단, 푸르공이 탐방객들의 발이 되어주고 있었다. 트레킹이 끝나는 지점엔 방갈로, 게르(몽골·시베리아 유목민들의 전통 텐트) 등을 갖춘 에코 파크 리조트가 있었다. 가능하다면 이곳에 머물면서 칠흑 같은 어둠 속에서 쏟아져 내리는 별도 보고 동 틀 무렵의 캐니언도 산책하며 하루쯤 쉬어가고픈 곳이었다.

스키 마니아에게 귀띔해 주고 싶은 곳
침블락(Shymbulak)

알마티 시내에서 차량으로 30분 정도만 가면 나오는 침블락 스키 리
조트는 사시사철 만년설을 볼 수 있는 곳이다. 세계에서 가장 크다는
메데우(Medeu) 아이스링크를 지나 3단계에 걸쳐 케이블카를 갈아
타고 해발 3200미터에 있는 전망대에 올랐다. 구간 사이에 마련된 휴
게소에서는 간단한 먹을거리와 커피를 팔고, 전통 의상을 입고 독수
리와 함께 사진을 찍을 수 있는 코너도 있었다. 정상에 있는 '바3200'
에서 마신 맥주의 맛은 잊을 수가 없다.

스키를 좋아해서 겨울만 손꼽아 기다리며 전 세계 스키장을 섭렵하
는 친구가 떠올랐다. 그에게 사진을 보내주니 당장 이번 겨울 스키 여
행지로 찜했다는 답신이 왔다. 2011년 동계 아시안 게임과 2017년 동
계 유니버시아드 개최지로 선정될 만큼 눈의 질이 좋을 뿐만 아니라
별장에서부터 게르까지 다양한 숙박 시설도 갖춰져 있고 가까운 곳
에 온천도 있다. 스키나 보드 장비 대여도 가능하다니 낮엔 스키를 즐
기고 근처 온천에서 몸을 녹인다면 이보다 좋은 휴식도 없지 않을까.
11월에서 4월까지 스키를 탈 수 있으니 한국의 겨울이 짧다고 느끼는
스키 마니아들에게 좋은 선택지가 될 것 같다.

지진이 만든 달력 같은 풍경,
빅 알마티 호수(Big Almarty Lake)

침블락 스키 리조트에서 내려와 한 시간 정도 차를 타고 도착한 곳은 빅 알마티 호수였다. 대관령 고갯길처럼 꼬불꼬불한 길 끝에 에메랄드 빛 호수가 영롱한 자태를 뽐내고 앉아 있었다. 중앙아시아와 중국 동부지역에서 신성시한다는 티엔산을 배경으로 산속 한가운데 있는 호수 주변에 설산이 병풍처럼 둘러싸여 있었다. 마치 달력 사진처럼 아름다웠다. 둘레만 3킬로미터, 깊이가 40미터에 이른다. 호숫가로 소풍을 나온 가족과 연인들의 모습이 정겹기만 했다. 이런 아름다움이 오래전 지진이 만들어낸 풍경이라니 아픔 없이 만들어지는 미학은 없는 건가 싶었다.

침블락에서 전통 유목민 복장을 하고 매를 손에 앉힌 사람들을 봤는데 여기서도 매를 손 위에 얹어 놓고 관광객들에게 사진을 유도하는 청년이 있었다. 별 인기가 없는지 핸드폰을 만지작거리며 지루한 표정이었다.

카자흐스탄에서 가장 오래된 유목민의 관습 중 하나는 매나 독수리 같은 맹금류와 함께 하는 사냥이다. 하늘의 정복자와 사냥꾼의 공생. 자연과 인간 사이의 싸움. 매사냥은 단순히 먹이를 잡기 위한 것이 아니라 카자흐스탄을 전 세계에 알린 유목민 전통의 일부이자 예술, 마법이라고까지 불린단다. 매 공연도 있다. 매사냥은 일종의 스포츠로 카자흐스탄은 학교나 동아리, 협회를 통해 스포츠 활성화는 물론 매를 길들이는 방법, 새를 기르는 방법, 계절별 사냥법 같은 전통 의식을 되살리고 있다. 맹금류를 길들이고 훈련하는 일은 매우 어려워서 이를 터득한 이들은 큰 존경을 받고, 자연과 사람 사이의 중개자로 여겨지기도 했다고.

세계에서 9번째로 큰 땅덩어리의 나라 카자흐스탄의 고작 한 도시, 알마티를 경험했을 뿐이지만 이 도시 하나에도 중국 위구르족의 음식 문화부터 인접한 중앙아시아 국가들의 유목 문화가 함께 살아 있었다. 많은 건물과 기념관들이 러시아의 흔적과 고려인의 현재까지도 담고 있는 점이 인상적이었다. 탐험이 끝나는 곳에서 또 다른 탐험이 시작되던 엘리엇의 말처럼 다음엔 카자흐스탄의 다른 도시들도 탐험해 보고 싶다는 생각이 들었다.

Travel Tips

인천공항에서 카자흐스탄 직항 에어아스타나를 타고 6시간 반이면 도착하는 알마티는 세계에서 9번째로 땅덩어리가 큰 나라 카자흐스탄의 경제 문화 관광의 중심지다. 오랜 기간 소련의 지배에 있었던 탓에 러시아어와 카자흐스탄어를 사용한다. 130개에 이르는 다민족으로 구성되어서인지 음식과 풍경, 종교와 문화 모든 면에서 주변국의 장점을 관대하게 품고 있다. 지금도 10만 고려인이 살고 있다.

(15)

삶의 의미를 돌아보게 하는 고대 국가
키르기스스탄
Kyrgyzstan

"사람이 풍경일 때처럼 행복한 때는 없다."

- 정현종

진실의 순간

아무리 포커페이스라도 단 1초의 표정만으로 누군가의 속내를 읽은 경험이 있을 것이다. 그 '진실의 순간'은 뇌리에 남아 영원히 잊히지 않는다.

코카서스의 조지아나 이곳 키르기스스탄, 몽골에서 만난 사람들을 좋아하는 이유는 그들의 표정에 나타난 진정성 때문이었던 것 같다. 문명이 발달하고 자본주의가 만든 거짓 웃음에 익숙해져 있다가, 때가 덜 묻은 곳에서 만난 무뚝뚝하지만 따스하고 정직한 마음에 늘 가슴이 따뜻해지곤 했다.

타쉬라밧에서 만난 아이의 표정은 기분이 안 좋을 때 잠깐 보기만 해도 저절로 웃음이 지어진다.

타쉬라밧(Tash Rabat)으로 가는 길

제1도시보단 제2도시, 제3도시를 더 좋아하는 편이다. 소도시는 세계 각지에서 온 여행자들로 북적이는 유명 관광지에 없는 특별한 느낌을 준다. 짧은 시간이지만 그곳에 사는 사람들만의 일상을 살짝 엿볼 수 있다는 점, 그로 인해 아주 잠시 여기서 살아본다면 어떨까, 하는 꿈을 꾸게 된다.

'돌로 만든 섬'이라는 뜻의 타쉬라밧은 15세기에 만들어진 실크로드 대상의 숙소가 있는 곳이다. 조각 바위인 편암으로 만들어져 온갖 풍랑에도 쓰러지지 않고 견고한 모습 그대로 유지하고 있었다. 그 위를 자유자재로 뛰어다니는 아이들이 그저 그림 같았다. 천장에 난 작은 구멍으로 어두컴컴한 내부에 빛이 들어오고 있었는데, 옛날에는 이 구멍을 통해 시간을 측정했다고 한다.

양고기 쿠르닥 • 을 먹고, 쏟아지는 은하수를 보고, 아침엔 얼음장 같은 시냇물로 세수를 했다. 문득 이런 것을 좋아하는 사람들이 이런 나

타쉬라밧

너무 멋진 바이크족 언니

라로 여행을 한다는 생각이 들었다. 안락한 호텔에서의 샤워보다 정신이 번쩍 나는 차가운 시냇물에 쪼그리고 앉아서 하는 고양이 세수가 더 좋은 사람들, 안락한 침대보다 유목민 천막 유르트 위로 쏟아지는 은하수를 보며 실크로드의 대상이 되어보는 꿈을 꾸길 더 좋아하는 사람들.

이곳이 아웃도어 스포츠를 좋아하는 유럽인들에게 인기 있는 곳이라는 사실을 처음 알았다. 타이어까지 신고 다니는 여성 바이커를 만났다. 운동엔 젬병인 나는 다음 생에서는 오직 두 바퀴로 세상을 달리는 꿈을 꾸어 본다.

●   쿠르닥(Kurdak)은 몽골의 허르헉과 비슷한 음식으로 소, 말, 양 부속 부위를 야채와 함께 볶은 것을 말한다.

이식쿨(Issyk kul) 호수

이식쿨 호수를 끼고 있는 키르기스스탄 제3의 도시 촐폰아타 (Cholpon-Ata)는 최고의 여름 휴양지이다. 이식쿨은 티티카카 다음 으로 세계에서 두 번째로 큰 산정 호수로, 해발 1600미터에 위치하고 있다. 호수 바닥에서 솟아오르는 물이 모이고, 설산의 만년설이 녹아 서 만들어진 이 아름다운 호수는 '중앙아시아의 진주'라 불리며 키르 기스스탄 사람들에게 평화로운 휴식을 주고 있다.

숙소에 짐을 풀고 냅다 달려 호숫가로 갔다. 휴양지의 모습은 어디나 비슷하지만 유달리 소박한 모습과 분위기에 슬며시 웃음이 지어졌 다. 한 프랑스 종군 기자가 중국 운남성의 시골에 터를 잡고 어린 딸 과 소박하게 사는 모습을 본 적이 있다. 그는 "소박함 속에 삶의 아름 다움이 있지 않으냐"고 말했었다. 전쟁의 현장에서 삶의 극한을 경험 한 그에게 중국에 안식을 준 곳은 화려한 도시가 아니라 때 묻지 않은 자연 속의 꾸밈없는 삶이라는 것을 다시 한 번 확인하는 순간이었다.

대류 현상과 강한 바람, 깊은 수심에 의해 호수 전체가 독특한 기후를 형성해서 겨울에도 얼지 않고 천혜의 자연 환경을 유지하고 있다는 이식쿨 호수는 이 나라 말로 '뜨거운 호수'라는 뜻이라고 한다. 하늘 은 참 공평했다. 몽골의 홉스굴, 이식쿨. 바다가 없는 곳엔 바다 못지 않은 호수가 사람들을 행복하게 했다. 태양의 위치에 따라 연한 녹색 에서 푸른색까지 하루에도 여러 빛깔을 띠는 호수와, 속옷인 듯 평상 복인 듯 격식을 갖추지 않고 편한 복장으로 휴식을 즐기는 사람들을 바라보는 것만으로 힐링이 되었다.

이식쿨 호수

선택할 간식이 고작 닭 날개와 맥주, 비스킷 정도라 이런저런 갈등의 여지가 없는 것
도 세상 편했다. 너의 복장은 이토록 아름다운데 나의 복장은 왜 이 모양 인지. 너의
텐트는 그렇게 호화로운데 나의 텐트는 왜 고작 이 모양인지. 비교가 필요 없어 평화
로웠다. 호수 주변에 만들어진 자연 모래사장엔 마사지 해주는 사람도 있어 휴식을
취하기에 더없이 좋았다.

솔로몬의 전설이 담긴 고대 도시
오쉬(Osh)

내 기운에 맞는 곳에 발을 디디면 나도 모르게 덩실덩실 춤이 춰지고, 없던 기운도 솟아나곤 한다. 오쉬가 그랬다. 키르기스스탄에 들어온 후 수도 비슈케크에서 밥 먹을 때 빼곤 계속 늘어져있던 나는 거기서 한 시간을 날아가 오쉬에 도착한 순간, 갑자기 솔로몬의 기운이라도 받은 듯 펄펄 힘이 넘쳤다.

인구 24만 명의 작은 도시지만 이곳은 무려 9세기경 아랍 기록에도 언급될 만큼 오랜 역사를 자랑하는 곳이다. 우즈베키스탄과 불과 1시간 거리이고, 예전에 우즈베키스탄 영토였던 까닭에 지금도 우즈베키스탄 사람들이 많이 살고 있다. 초록이 많고 차분하면서도 조용한 소도시 느낌의 오쉬는 실크로드 시절부터 유명한 대규모 '바자르'와 솔로몬 왕이 기도를 드렸다는 전설의 '솔로몬 산'이 유네스코에 등재된 역사 도시다. 혹자는 이 도시를 솔로몬 왕이 건설했다고 하고 혹자는 알렉산더 대왕이 건설했다고도 한다.

고대 도시답게 도시 전체에서 고풍스러운 면모가 넘쳐나는데, 이를 가장 잘 느낄 수 있는 곳은 구약에 나오는 선지자 솔로몬이 기도를 드렸다는 전설의 솔로몬 산이다. 솔로몬 산 정상에 오르니 고풍스런 도시가 한눈에 들어왔다. 타임머신을 타고 오백 년을 거슬러 올라간 듯한 기분이었다. 무슬림의 성지 순례 명소이기도 한 이곳은 일 년 내내 순례자의 발길이 끊이지 않으며, 새해에는 우리네 정동진처럼 사람들이 운집하는 곳이다. 산 정상에는 모스크와 동굴을 꾸며 만든 오쉬 역사박물관도 있다.

페르가나 분지에 깨끗하고 나지막하게 자리 잡은 이 도시가 참으로 마음에 들었다. 푸른 가로수 사이사이로 화덕에 난을 굽는 빵집들과 과일가게, 아이스크림 가게, 꽃집들, 서두르지 않고 느긋하게 걷는 사람들이 보였다. 이들은 오쉬를 더욱 사랑스럽게 했다.

키르기스스탄의 정체성을 보여주는 장소,
호텔 직원 휴게실

엘리자베스 길버트는《먹고 기도하고 사랑하라(Eat Pray Love)》에서 한 도시와 그곳에 사는 사람들을 이해하는 비결에 대해 "거리에서 들리는 단어가 무엇인지 알아내는 것"이라고 말한다. 모든 도시에는 그 도시를 정의하고, 그곳에 사는 사람들의 정체성을 나타내는 하나의 단어가 존재하는데, 그것이 바로 그 도시의 단어라고. 그 단어가 자기와 어울리지 않는다면 그 도시에 맞지 않는 거란다.

가끔 내가 사는 이 도시의 단어는 오직 money, money, money 라는 생각에 좌절할 때가 많다. 오랜 외국 생활을 하다 잠시 한국에 들른 친구들이 한결같이 지적하는 말도 그랬다. 프랑스에서 온 친구도, 스웨덴에서 온 친구도, 호주에서 온 친구의 딸도 이 도시에선 눈을 뜨자마자 날씨나 인생 이야기가 아닌 오직 주식, 부동산, 보험 같은 얘기만 하는 것이 기이하다고 했다. 나 또한 오랜 여행을 마치고 집으로 돌아오면 이들과 비슷한 심정이 되곤 했다. 그것이 포화 상태가 되면 어디로든 서둘러 떠나곤 했던 것 같다.

키르기스스탄에서 마음에 들었던 건 호텔의 직원 휴게실이었다. 층마다 객실의 한가운데에 객실 두 개 크기의 널찍한 휴게실이 있었다. 거기엔 푹신푹신한 소파와 거울이 달린 옷장, 손님방에도 없는 큰 냉장고와 정수기까지 설치되어 있었다. 마치 집 안의 거실처럼 편안한 분위기로 차를 마시며 손님에게 눈인사를 건네는 밝은 표정의 청소원을 만나는 일은 이곳에서 마주친 어떤 풍경보다도 인상적이었다. 더운 날씨에 아이스커피를 너무 먹고 싶었던 나는 얼음을 찾아다니다가 직원 휴게실에 있는 냉동고를 발견했다. 손짓발짓으로 겨우 얼음을 얻어 아이스커피를 만들어 마셨다. 한국의 환경미화원과 아파트 관리인들의 열악한 근무환경이 오버랩 되면서 과연 우리가 잘 사는 나라라고 할 수 있는가 하는 생각이 들었다.

오쉬 바자르에서 숙소로 돌아오는 택시 안. 기사가 유창한 한국말을 걸어와 깜짝 놀랐다. 그는 한국에서 몇 년간 일한 적이 있다고 했다. 세계의 다양한 사람들이 한국을 거쳐 간다. 그들의 기억 속에 한국은 어떤 나라일까, 우리는 어떤 단어로 우리 사회를, 우리 삶을 정의하고 있을까.

Travel Tips

키르기즈공화국, 약칭 키르기스스탄은 중앙아시아 내륙에 위치한다. 보통 중국 카슈가르에서 타쉬라밧으로 들어와 촐폰아타-비슈케크-오쉬를 거쳐 우즈베키스탄의 페르가나로 넘어가는 길에 들르는 경우가 많다. 60일간 무비자 국가로 국토 대부분이 산이라 중앙아시아의 스위스라 불리기도 한다.

당신이 꿈꾸는 한 달 살이 로망지
태국 치앙마이
Chiang Mai

"소원하기를 멈추고, 실행하기를 시작하라."
(Stop wishing and start doing)

온갖 꽃들과 새들이 인사하고
잠이 덜 깬 고양이가 주인의 등에 기대어 졸고 있다.
전선줄을 달리는 것은 놀랍게도 쥐가 아닌 다람쥐.
어제 들렀던 태국 음식점의 아낙네는
오늘의 요리 재료
파인애플을 스쿠터 뒷좌석에 싣고 가게로 향하고
기타를 맨 연주자는
차를 타고 어디론가 가고 있다.
이것이 내가 좋아하는
치앙마이 올드타운의 아침 골목 풍경.
숙소 바로 앞에 있는
제일 좋아하는 사원 왓치앙만에 들러
진한 향의 프렌지파니(참파꽃)로
갑작스레 세상을 떠난 지인을 추모하는 아침.
늘 아침을 먹는 카페로 접어드는 골목길 벽화엔
이렇게 쓰여 있었다.

소원하기를 멈추고, 실행하기를 시작하라!
(Stop wishing and start doing)

사바이 사바이, 마이 뺀 라이
천천히 천천히, 괜찮아요

"늘 여기가 아닌 곳에서는 잘 살 것 같은 느낌이다. 어딘가로 옮겨
가는 것을 내 영혼은 언제나 환영해 마지않는다"라고 보들레르는
말했던가.

겨울에 힘 빼고 지낼 수 있는 곳이 몇 곳이나 될까. 겨우내 추위와 미
세먼지로 잔뜩 움츠렸던 어깨와 관절이 다 아파오는 것 같다. 맹세
코 다음 겨울엔 따뜻한 나라로 피신해야겠다고 생각한다면 동서양
을 막론하고 시니어들을 위한 최적의 체류 여행지로 각광 받는 태
국 북방의 장미, 치앙마이를 주목하시라. 어디에 눈을 두더라도 다
초록 초록이어서 저절로 힐링이 되는 곳. 아침엔 20도, 한낮엔 30도
까지 오르지만 습하지 않고 아침저녁으로 약간 쌀쌀해서 상쾌하게
느껴진다. 특히, 건기인 12월에서 2월, 한국의 강추위와 미세먼지를
피해 최고의 쾌적함을 누리기에 이보다 더 좋은 곳은 없다.

치앙마이에 유독 한 달에서 석 달, 혹은 일 년 이상 장기 투숙객이 많
은 이유는 장기로 투숙할수록 저렴해지는 숙박비와 한식 생각이 안
날 정도로 입맛에 익숙하고 잘 맞는 태국 음식, 화장실도 맨발로 들
어가도 될 만큼 청결하고, 무엇보다 긴장을 놓고 있어도 소매치기나
위험 걱정이 없는 착하고 순한 국민성 덕분일 것이다.

403

목소리가 큰 사람을 열등한 인간이라 여기며 어떤 상황에서도 차분한 목소리와 미소로 응대하는 사람들. 길을 막고 서 있는 차가 있으면 가만히 기다리다가 상황이 해결되면 오히려 고맙다고 인사하는 사람들. 처음엔 인도나 횡단보도도 제대로 없고 오토바이 소음으로 걸어 다니기에 불편했지만 시간이 가면 갈수록 순한 사람들로 인해 내 마음도 한없이 여유로워지고 있음이 느껴진다. 잘못 계산한 커피 값도 너무 많이 냈다며 굳이 달려 나와 돌려주는 곳. 물건을 놓고 왔다가 한참이 지나서 가보면 그 자리에 그대로 있는 곳. 라오스나 미얀마에서도 비슷한 경험을 했지만 그곳은 다 같이 가난하니까 비교가 없는 데서 오는 행복이리라 여겨지지만, 치앙마이는 빈부의 차이가 분명한데도 남의 것을 탐하는 모습을 볼 수가 없었다. 욕망이 뿜어내는 독소가 없어 평화롭다.

404 한 달 살기라고 해도 어찌 가자마자 현지인 코스프레가 가능하겠는가. 한국에서 딴 동네로 이사를 해도 주변 파악에 한 달은 걸릴 텐데. 말이다. 그러니 과욕은 금물이다. 이곳 레지던스 대여 단위대로 석 달이나 일 년 이상을 산다면 모를까. 한 달 살기는 여전히 여행자의 마음과 태도라야 적당할 것이다.
한 달 기준 장기 렌트 시 30~60만 원이면 부부가 살기에 괜찮은 숙소를 구할 수 있으니 같은 생활비로 따뜻한 남쪽 나라에서 살아보는 기회를 얻는 셈이다. 지내는 동네가 산티탐처럼 주택가에 가깝거나 아파트형 레지던스처럼 한국집의 구조와 비슷하다면 빨리 안정감을 찾을 수도 있겠다. 소소한 골목 탐험이나 카페 탐험, 뒷골목 산책을 좋아하는 사람이라면 올드시티에 집을 얻는 것을 추천한다.

교통은 한국처럼 지하철이 있거나 버스 노선이 다양하지 않아 처음엔 적응이 안 되지만 조금만 지나면 썽태우(합승택시)나 그랩(우버, 일명 태국판 카카오택시)으로 목적지까지 쉽게 이동할 수 있다. 운전석이 우리와 반대쪽이고, 일방통행이 많아 차량을 렌트하는 사람은 적은 편이다. 툭툭이 가장 저렴할 것 같지만 의외로 썽태우나 그랩보다 몇 배로 비싸고 바가지가 심해 권하고 싶지 않다.

영어가 잘 통하지 않아 답답한 적이 많지만 부족하면 부족한 대로 정성을 다하는 마음, 예의바름과 친절함은 치앙마이 생활을 내 집처럼 느끼게 해준 가장 확실한 힘이었다. 카페도 밥집도 3시면 문을 닫는 곳이 많고, 몇몇 곳을 제외하면 허름한 가게나 유명 가게나 음식 값이 큰 차이가 나지 않는 것도 신기했다. 받을 만큼만 받고 필요한 만큼만 벌뿐 욕심을 내지 않는 삶. 다른 사람과 비교하지 않으며 워라벨을 실천하는 사람들. 연말 대목에도 가족과 함께하느라 마사지사가 집에 가고 없는 곳.
치앙마이를 설명하는 두 개의 말이 있다. 사바이 사바이(천천히 천천히), 마이 뺀 라이(괜찮아요)!

405

썽태우

한 집 건너 있는 사원 왓(Wat)

한 집 건너 한 곳이 사원이라 해도 과언이 아닌 치앙마이에는 산 정상에 있는 도이수텝을 비롯해서 왓치앙만, 왓체디루앙, 왓우몽 등 300여 개의 사원이 있다. 비슷해 보여도 저마다 달라서 오늘은 이 사원, 내일은 저 사원 공원 산책하듯 다니면 좋다. 이토록 많은 사원으로도 부족한지 현지인들은 집마다 부처를 모시고 아침마다 음식과 꽃을 올린다.

도이수텝은 트레킹 마니아에겐 걸어서 올라가기 좋은 곳이다. 해 질 무렵 도이수텝 전망대에서 보는 노을은 가히 환상적이었다. 치앙마이 대학 앞이나 올드시티엔 앞에는 '도이수텝' 이라고 써 붙인 빨간색 썽태우가 대기하고 있다. 차 한 대에 사람이 모이면 출발한다. 올 때도 같은 방법으로 되돌아온다.

요일 불상

치앙마이 사원의 불상은 특이하다. 각각 다른 모양의 불상 8개가 나란히 놓여있고, 사람들이 저마다 다른 불상 앞에서 기도하거나 불전함에 기부한다. 불상이 7개면 무슨 의미인지 짐작이 쉬웠을 텐데 8개라 의아했다. 8개의 불상은 '요일 불상'이었다. 우리가 생년월일시에 따른 운세를 보듯 이들에겐 태어난 날보다 요일을 더 중시하며, 거기에 따른 운명과 점괘가 따로 있다고 믿는단다. 나의 요일인 월요일 불상의 의미는 '기억력이 좋고 여행하는 운세'란다. 앞은 틀리고 뒤는 맞는 것 같다.

가장 치앙마이스러운 곳
여성 제소자 마사지 숍

태국 여행의 빼놓을 수 없는 즐거움 중의 하나는 저렴하고 품질 높은 마사지 서비스라는데 동의하는 이들이 많을 것이다. 평소 몸이 안 좋거나 마사지를 즐기는 사람은 치앙마이의 목적을 아예 마사지로 잡고 '1일 1마사지'를 고수하기도 한다. 근처에 유황 온천도 있으니 더할 나위 없는 휴양지의 조건을 갖추었다. 여행자들은 하루 일정을 마치고 숙소에 가기 전에 느긋하게 마사지를 받거나, 한참 더운 시간대를 돌아다니다가 지칠 때면 한 집 건너 하나 있는 마사지 숍에 들어가 잠시 휴식을 취하고 다시 여행을 이어간다. 치앙마이 병원에서는 마사지 서비스를 받으면 혈압도 재고 병원증도 만들어 준다. 유명한 마사지 스쿨에는 태국 사람뿐만 아니라 전 세계에서 마사지를 배우러 온다.

들러본 곳 중 가장 특이했던 곳은 '출소자 마사지 숍'이었다. 아침이면 제소자를 실은 차가 올드타운 한가운데 있는 대형 마사지 숍 앞에 멈추고 이들을 내려주었다. 제소자들은 옷을 갈아입은 뒤 정성을 다해 마사지 서비스를 한다. 예약해야 하며, 몇 시간을 기다려야 할 정도로 인기가 많다.

범죄라고는 없을 것 같은 도시인데 역시 사람 사는 곳이니 제소자도 있겠지 싶어질 무렵, 앳된 얼굴의 마사지사가 들어왔다. 약간은 긴장했는데 마사지하는 동안 이들은 세상에서 가장 행복한 표정을 짓고 있었다. 외국인의 작은 몸짓 하나에도 까르르 웃음을 터뜨리며 쏘리와 땡큐를 연발했다. 아직 배우는 중인, 서툰 자신에게 마사지를 받아주어 고맙고 미안하다는 마음이 전해져 왔다.

그렇게 6시까지 근무 혹은 훈련을 마친 후 다시 교도소로 가는 차에 올라타고 감옥으로 돌아간다. 입장료를 받고 프런트를 관리하는 이들은 모두 간수들이었다. 엄격하면서도 온화한 표정이었다. 감옥에서 나와서 할 수 있는 일을 열심히 훈련시키는 것. 사회 속에서 함께! 내게 이곳은 가장 '치앙마이스러운' 곳으로 기억된다.

카페족을 위한 핫플 카페들의 집합소

쾌적한 환경과 아티스틱한 분위기가 어우러진 이 도시에는 디지털 노마드와 작가들이 많이 모여든다. 밤 버스를 타고 방콕이나 라오스 국경을 넘어온 배낭여행자들이 숙소에 가기 전 아침을 먹거나 누워서 쉬어가기도 하는 '블루 다이아몬드 브랙퍼스트 클럽(Blue Diamond Breakfast Club)'을 비롯해, 칠리 고추가 들어간 커피나 김이 올려진 커피, 라임이나 레몬 등과 조합한 색다른 커피 칵테일을 맛볼 수 있는 '그라프 카페(Graph Cafe)'는 멋진 인증 샷을 남기려는 사람들로 언제나 붐빈다. 월드 챔피언 바리스타가 운영하는 '리스트레토랩 카페(Ristr8to Lab)', 숲속에 있는 듯 싱그러운 '펀 포레스트 카페(Fern Forest Cafe)'도 좋다. 가벼운 주머니에도 부담 없이 수준 높은 재즈를 즐길 수 있는 재즈 바 '노스게이트(The North Gate Jazz Co-Op)'도 치앙마이의 밤을 멋지게 장식해준다.

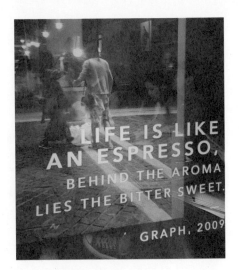

독특한 커피 칵테일로 유명한 그라프 카페

치앙마이 근교 여행

치앙마이 한 달 살이가 지루할 틈이 없는 것은 근교에 갈만한 곳이 천지이기 때문이다.

빠이(Pai)

태국 북부의 작은 시골 마을 빠이는 오래전부터 장기 배낭여행자들의 쉼터 역할을 톡톡히 해왔다. 내가 치앙마이를 여행하면서 가장 먼저 갔던 근교도 빠이였다. 멀미약을 먹고 소형 밴을 타고 762개의 커브 길을 돌고 돌아 서너 시간을 가야하는 길이지만, 예술적 감각과 낭만이 넘치는 이곳에는 늘 사람들의 발길이 머문다. 메모리얼 브릿지와 빠이 캐니언, 현지인과 함께 즐기는 야생 온천 타빠이 핫스프링, 워킹 스트리트의 밤 문화까지. 젊음이 가득한 곳이다.

산캄펭 온천(Sankamphaeng Hot Springs)

치앙마이 와로롯 시장(Warorot Market)에서 노란 썽태우를 타고 가는 산캄펭 온천 수영장은 현지인은 물론 외국인들에게도 인기가 많다. 개별 온천도 있지만 초록 숲에 둘러싸인 노천 온천

수영장은 천국을 맛보게 한다. 계란을 삶아 먹는 곳, 마사지 숍, 레스토랑 등 온종일 휴식을 취하기 충분한 곳. 돌아올 때 차편이 없을 수도 있으니 썽태우 기사와 차 시간을 맞춰 두는 게 좋다.

치앙다오(Chiang Dao)

'별의 도시'라는 뜻의 치앙다오는 작은 통 속에 들어가 유황 온천을 즐기고, 아젤리아 리조트에서 묵으며 스쿠터를 빌려 타고 이곳저곳 다니는 재미가 있는 곳이다. 낮에는 옆으로 작은 계곡물이 흐르는 온열탕이 가능한 동네 유황 온천과 동굴 사원을 즐기다가, 밤이면 치앙다오를 든든히 지키는 도이루앙산 너머로 지는 석양과 쏟아지는 별을 감상하는 곳. 이슬이 내려앉은 아름답고 소박한 아침 동네 산책이 마음을 정화해주는 곳. 소박함 속에 아름다움이 있음을 제대로 느끼게 해주는 곳이다. 매년 2월 히피들의 축제, 샴발라 페스티벌도 열린다.

치앙라이(Chiang Rai)

치앙마이와 함께 태국 북부 대표 도시로 손꼽히는 곳이다. 치앙마이조차 번잡하다고 느끼는 여행자들과 현지인들이 찾는 곳. 치앙마이에서 출발하는 원데이 투어 프로그램을 이용하면 편리하게 다녀올 수 있다. 화이트 템플과 반담박물관 블랙하우스, 도이인타논 국립공원 트레킹, 태국 커피 도이창 커피 체험까지 치앙마이와는 또 다른 정취를 즐길 수 있다.

람빵(Lampang)

태국에서 유일하게 마차를 교통 수단으로 이용하는 곳이라 마차를 타고 이동하는 재미가 쏠쏠하다. 기차로 람빵까지 가서 태국인이 가장 가고 싶어 한다는 천공사원을 올랐다. 해발 1000미터에 있어 마치 하늘과 맞닿아 있는 듯한 사원 풍광이 놀라웠다. 가는 길이 험난한 만큼 소원도 잘 이루어질 것만 같다.

수코타이(Sukhothai)

최초의 타이 왕국이 존재했다는 수코타이는 '태국의 경주'같은 곳이라고 보면 된다. 근교라기엔 비교적 거리감이 있지만 한 달 살이 하면서 1박 2일 여정으로 다녀올 만한 가치가 충분하다. 유네스코 문화유산에 등재된 수코타이 역사공원은 유적지와 공원 시설이 거대한 규모로 조성되어 있다. 자전거로 천천히 돌아보다가 멈추어 유적지를 돌아보고 벤치에 아무렇게나 드러누워 호젓함을 즐기기 좋았다. 아침엔 딱밧(탁발, 승려가 신도로부터 음식을 공양 받는 것) 풍경도 볼 수 있다. 치앙마이와는 또 다른 불교의 향기를 맡아보자.

아유타야(Ayutthaya)

태국의 두 번째 왕조였던 아유타야는 인도차이나반도를 장악한 크메르 제국을 멸망시킬 정도로 태국 역사 상 가장 번성했다가 미얀마의 침략으로 소멸했다. 유달리 목이 잘린 불상을 많이 볼 수 있으며 대형 와불로도 유명하다. 폐허가 된 유적은 유네스코 세계유산에 등재되어 있다. 400여 개의 사원 중 왓마하탓이 유명하다. 보리수나무 넝쿨 사이로 머리만 남은 불상이 엉켜 있는 모습이 역사의 상처를 더듬어보게 한다.

우돈타니(Udon Thani)

치앙마이에서 육로 이동은 어렵고, 비행기로 한 시간 걸린다. 레드 로터스 씨라 불리는 연꽃 호수는 12월에서 2월 사이에만 볼 수 있으니 겨울철에 한 달 살이를 한다면 반드시 가보길 추천한다. 이거 하나 보자고 국내선까지 타야하나 싶을 수도 있겠지만, 붉은 연꽃밭 사이로 유유히 노를 저어 가다보면 그만한 가치가 충분하다는 것을 깨닫게 된다.

Travel Tips

치앙마이 한 달 살이 숙소를 정할 땐 자신의 취향에 맞는 곳을 고르는 것이 중요하다. 한국과 비슷한 환경을 원한다면 주택가에 있는 산티탐(Santitam), 주변에 레스토랑, 맛집, 카페, 백화점 등이 많은 곳을 원한다면 님만(Nimman) 지역, 대학가 분위기를 원한다면 치앙마이 대학(Chiang Mai University) 주변, 장기 배낭여행자들과 어울리거나 주로 사원을 산책하고 싶다면 올드타운(Old Town)이 좋다.

장기 체류자들은 각자의 취향에 따라 요가나 태국 마사지를 배우기도 하고 쿠킹 클래스에서 팟타이나 똠양꿍 같은 태국음식 만드는 법을 배우기도 한다. 올드타운의 토요시장, 일요시장을 비롯하여 왓(Wat)이라 불리는 수많은 아름다운 사원도 다 못볼 만큼 볼거리가 충분하다. 거리에 늘어선 여행사들은 치앙라이, 치앙다오, 빠이 등 근교 투어는 물론 무에타이나 카약, 짚라인, 자전거, 에코 트레킹 같은 어드벤처 프로그램도 제공한다. 심심할 틈이 없다.

17

마음이 풀리는 작은 여행
일본 나오시마
Naoshima

기회가 왔을 때 행복을 손에 쥐어야 하는 이유에 대하여

"준비고 뭐고 없이 무조건 떠나고 볼 것"

《마음이 풀리는 작은 여행》은 내가 좋아하는 일본 작가 마스다 미리의 에세이 제목이다. 전엔 요시모토 바나나를 좋아해서 그녀의 책을 전부 섭렵했는데 지금은 마스다 미리에 빠져서 그녀의 만화에 이어 에세이를 훑어가는 중이다. 요시모토 바나나는 나와 동갑, 마스다 미리는 1969년생이니 나보다 몇 살 어리지만 공감대는 둘 다 99.99%! 일본의 힐링 영화나 책을 읽고 있으면 일본 여자들은 어쩌면 나이에 상관없이 이렇게 섬세하고 귀여운 걸까 싶다. 나랑은 달라도 한참 다른데, 대체로 이런 경우 이해되지 않거나 오글거리다 끝나기 일쑤이지만 이들은 그저 귀엽다. 오기가미 나오코 감독의 영화들, 〈카모메 식당〉이나 〈안경〉 같은 영화에 나오는 고바야시 사토미나 이치카와 미카코, 모타이 마사코를 볼 때와 비슷한 기분이다.

"준비고 뭐고 없이 무조건 떠나고 볼 것"

이건 나의 지론인데! 마스다 미리가 똑같이 말하는 걸 보며 나 혼자 하이파이브를 했다. 하루가 멀다고 세계의 오지를 들쑤시고 다니던 내가 몇 년간 몸이 아파 발이 묶였을 때, 나만큼이나 안타까워 한 건 가족들이었다. 몸이 좀 회복되어 가까운 여행이 가능할 정도가 되자 그들은 기다렸다는 듯 여행 선물을 해주기 시작했다. 그렇게 처음 선택된 곳이 나오시마였다. 나오시마 여행에 걸맞은 제목이 있다면 바로 '마음이 회복되는 작은 여행'일 것이다.

'고양이섬'이라고 불리는 오기지마에서 만난 고양이들

무라카미 하루키는《이렇게 작지만 확실한 행복》에서 "고생이나 고통이라는 건 그게 타인의 몸에서 일어나는 한, 인간으로서 정확히 이해할 수 없는 법"이라고 말한다. 특히 일반적인 종류의 고생이나 고통이 아닌 경우 더 심한 편이라고. 역지사지란 얼마나 어려운 단어인지. 사람은 자기 몸이 매우 아프거나 이겨내기 힘든 슬픔을 겪고 나서야 다른 사람의 처지를 조금은 이해할 수 있게 되는 것 같다.

많이 아픈 이들에게 드는 주된 감정은 '외로움'이다. 인간은 혼자라는 깨달음 같은 것. 사랑하는 사람이 곁에 있다고 해도, 그들의 사랑이 아무리 참되다고 해도 그들이 할 수 있는 건 안타까움과 걱정뿐, 대신 아파줄 순 없다. 이것이 인간 외로움의 본질이다. 그렇게 우린 한 치 앞을 알 수 없는 삶을 살아간다. 기회가 왔을 때 행복을 손에 쥐어야 하는 이유이다.

아트 섬으로 비 시즌여행
세토우치 예술제(Setouchi Triennale)

2010년부터 7개의 섬과 다카마쓰항을 무대로 3년마다 개최 하는 세토우치 예술제는 각 섬의 특성을 최대한 반영하고 있다. 이중 다카마쓰는 일본의 지중해로 불리는 세토내해와 맞닿은 항구 마을로 시코쿠의 관문 역할을 한다. 카가와현 인구의 40% 이상이 사는 중심도시이고 현에서 가장 번화한 곳이지만 숙소인 클레멘트 호텔 옆 기차역조차 한적한 분위기였다. 일정이 짧을수록 교통의 요지에 숙소를 잡는 것이 유리하다. 다카마쓰 클레멘트 호텔은 그런 점에서 최적의 장소였다. 다카마쓰는 우리네 목포항처럼 나오시마를 비롯해 메기지마, 오기지마, 데시마 같은 아트 투어의 중심이 되는 섬은 물론 조금 멀리 떨어진 섬 쇼도시마까지 가는 배편이 수시로 오갔다.

다카마쓰 클레멘트 호텔에 짐을 맡기자마자 미에우라항으로 달려가 메기지마로 가는 표를 끊었다. 티켓 창구에는 영어가 가능한 동네 자원봉사자 할아버지와 젊은 여자가 배 시간표를 가리키며 몇 시편으로 메기지마에 들어갔다가, 오기지마에 들렀다가, 다시 다카마쓰로 돌아오면 된다고 친절하게 알려주었다. 우리가 도착했을 땐 마침 메기지마로 가는 배가 막 승선을 시작한 참이었다. 배는 작은 페리였다. 월미도에서 인근 섬을 가는 배들처럼 눕거나 앉아서 갈 수 있는 공간이 함께 마련되어 있었다.

역시나 일본 사람들은 조용하기 짝이 없었고, 그 조용함과 예의바름은 2박 3일의 여행을 더없이 쾌적하게 해준 가장 주된 요인이었음을 인정하지 않을 수 없었다. 한국으로 돌아오는 비행기를 기다리며 드디어 조용한 여행이 끝났다는 것을 실감했을 정도였다. 일본으로 올 때 같은 비행기를 탔던 나이 지긋한 운동 선수팀을 돌아가는 길에 또 만났는데 지난 밤 과음을 했는지 경기하느라 피곤했는지 다들 이틀 전과는 달리 벌겋게 상기된 얼굴로 피로에 찌들어 있었다. 그중 한 아저씨는 기다리는 동안 공항에 있는 의자에 벌러덩 누워 큰 소리로 노래까지 불러댔다. 오 마이 갓!

다카마쓰항에서 인근 섬들로 사람들을 실어 나르는 페리

모아이와 바다 마을 카페
메기지마(Megijima)

다카마쓰에서 페리로 20분, 가장 먼저 도착한 섬은 메기지마였다. 제일 먼저 도깨비
상이 눈에 들어왔는데 알고 보니 메기지마섬은 일본인이 가장 사랑하는 옛날 도깨
비 설화의 무대인 곳으로 '도깨비섬'이란 별명을 갖고 있단다. 아름다운 모래사장을
지닌 해수욕장을 비롯해, 여름이면 캠프나 낚시를 즐기는 이들로 떠들썩한 곳이라
고. 아직 여름도 아니고, 예술제 기간도 아닌 섬은 그저 한적함만이 감싸고 있었다.

바다 쪽으로 뻗어있는 도깨비상을 보러 가는 길에 첫 번째 예술작품 〈갈매기의 주차
장〉을 만났다. 항구 근처에 위치한 야외 전시작으로, 별도의 전시 시간이나 요금이 없
었다. 얼핏 보면 그냥 조악한 갈매기 모양의 종잇조각을 붙여놓은 것 같은데, 설명을
보니 이 갈매기는 바람의 흐름을 시각화한 것으로, 바람이 불면 약 300마리의 갈매기
풍향계가 일제히 방향을 바꾸어 동화 같은 풍경을 만들어 낸다고 한다.

424

우동 패스포트

항구 바로 앞에 있는 도깨비 기념관에 들어갔다. 사누키 우동을 팔고 있었다. 우동 동네에 왔고, 금강산도 식후경이니 사누키 우동을 먼저 먹기로 했다. 이곳은 '우동 패스포트'를 팔 정도로 우동이 유명했다. 나는 미역이 들어간 것, 남편은 새우튀김이 들어간 우동을 시켰다. 한국에도 맛있는 우동이 많아서인지 아니면 그곳이 외딴섬의 휴게소에 있는 우동집이라서인지 그닥 감동은 없었다. 실망하는 내게 남편은 "한국 우동은 국물 맛, 일본 우동은 면발 맛"이라며 면의 쫄깃함을 느껴보라고 했다.

허기를 채우고 바깥으로 나갔다. 독특한 일본 목조 주택들 사이를 누비다가 건물 오른편으로 나 있는 바닷가로 나가는 길, 뜬금없이 서 있는 모아이 석상이 눈에 들어왔다. 이스터섬에 있어야 할 모아이 석상이 여기 왜? 어쨌든 사진부터 한 장 찍고 설명을 보니, 예술제를 기념해 이스터섬에서 기증한 것이라고 한다.

뜬금없는 모아이 석상

426 모아이 석상 옆에는 제법 괜찮은 작품이 있었다. 피아노 위에 돛을 달아놓은 〈20세기의 회상〉이라는 작품이었다. 페리의 창을 통해 바라볼 수 있는 과거 범선 형태의 돛이 걸린 피아노로 "20세기 이후 아시아의 현대란 무엇인가, 우리는 어디로 향하는 것인가"를 묻는 작품이란다. 언제나 미술 작품은 작품보다 해설이 더 거창하다는 느낌이 든다. 읽고 나서 그런가 보다, 하고 이해될 때도 있고, 거참 과장이 심하네 싶을 때도 있고, 쳇 별게 다 작품이래, 할 때도 있다. 가이드북에 보니 중국 아티스트가 연주한 피아노곡이 파도 소리와 하모니를 이루며 새로운 선율을 만들어낸다고 하는데 예술제 기간이 아니어선지 피아노 선율은 들을 수 없었다.

20세기의 회상

제법 소박한(?) 작품들을 지나 모래사장이 있는 해변가를 걷노라니 흐리고 쌀쌀한 날씨 탓에 커피 생각이 간절했다. 우동을 팔던 기념관에도 커피는 안 팔았다. 뭔가 아주 아주 맛있는 커피를 마시고 싶다는 생각이 간절한 순간, 딱 마주친 너무나도 인상적인 바닷가 카페 '오조.' 성수기도 아닌 터라 제발 문이 열려 있기를 바라며 문을 열고 들어갔는데… 일본 힐링 영화에나 나올법한 주인이 우릴 맞이했다. 조심스레 커피가 되냐고 물었더니 들어오란다. 아 그때의 기쁨이란!

드디어 바다를 바라보며 근사한 커피를 마실 수 있겠구나 싶었다. 주인의 표정과 인상만으로도 이 집이 제대로 된 커피를 마시게 해줄 것 같은 느낌이 확 왔다. 카페 이곳저곳을 둘러보며 커피 내리는 소리에 취해갈 즈음 주인이 커피를 들고 나왔다. 음… 정말이지 세상에서 가장 향기롭고 좋은 맛이었다고 말할 수 있다. 화장실 가는 길에 보니 2층도 있고, 화장실 옆방엔 비치 아파트 몇 호라고 쓰인 팻말이 붙어 있다. 여름에만 운영하는 비치 아파트란다. 일본 영화에 등장할 것같은 이곳을 잊지 않기 위해 카페 주인과 사진도 찍었다. 기분이 마구 좋아졌다. 우리의 기분을 좋아지게 하는 것은 이렇듯 작고 소박한 것이다. 뭔가. 적재적소에, 원하는 타이밍에 있어 주는 것. 그것이 쉽지 않기 때문에 소중하다.

메기지마는 바람이 강한 섬이라 바람, 빛, 소리를 형상화한 것이 많았다. 많은 가게가 문을 닫았고 벽화 프로젝트나 뜬금없어 보이기까지 하는 몇몇 설치 예술만이 덩그러니 섬을 지키고 있었다. 소박한 커플들과 나 홀로 여행객들만이 메기지마와 오기지마를 잇는 페리 안에서 도란도란 얘기를 나누었고, 섬 주민들도 밤이면 다카마쓰 항구로 향했다. 일곱 시가 넘어서자 저녁 먹을 곳조차 찾기 쉽지 않았던, 그래서 더욱 좋았던 메기지마섬이었다.

'비치 아파트' 문패

카페 '오조' 커피

고양이를 좋아하시나요?
오기지마(Ogijima)

기분이 한껏 좋아진 채로 오기지마섬에 가는 배에 올랐다. 외국인이라고는 우리뿐이고 대부분이 인근에서 온 듯 소박한 젊은 커플들과 나 홀로 여행객만 몇 명 있었다. 짧은 여행이라도 뭔가 남들이 잘 모르는 낯설고 깊숙한 곳으로 들어온 것 같은 기분이 좋았다. 메기지마에서 페리로 20분이면 닿는 오기지마(남자섬)는 평평한 땅에 집들이 있던 메기지마(여자섬)와는 달리 멀리서 보아도 달동네처럼 집들이 층층이 쌓여있었다.

가이드북도 비탈길이 많은 섬으로 평지가 거의 없는 독특한 지형이라고 설명하고 있는데 걷기 힘들 정도는 아니었다. 경사면에 민가가 밀집해 있는 이색적인 풍경과 오래된 목조 주택 위로 칠해진 벽화들, 살짝 열린 문틈으로 보이는 전통 가옥의 모습은 골목길을 걷는 즐거움을 더해주었다.

항구 바로 앞에 있는 〈오기지마의 혼〉이라는 건축 작품이 인상적이었다. 일본어, 영어 등 여러 나라의 문자를 조합해 만든 하얀 지붕이 아름다운 이 건축물은 햇살이 비추면 바로 앞의 연못에 아름다운 반영이 떠올랐다. 스스로 자신의 주거지를 만들어 가는 조개에서 영감을 얻었다는 이 작품은 오기지마의 상징이었다. 섬의 사무소이자 관광 안내소 역할도 하고 있어 배를 기다리는 동안 충분히 즐길 수 있었다.

오기지마의 혼

온바 팩토리

비탈길이나 좁은 길이 많은 오기지마 생활에는 '온바(유모차)'가 필수품이다 보니, 이를 작품으로 만든 〈온바 팩토리〉가 있었다. 오래된 민가의 외벽에 그려진 〈오기지마 골목 벽화 프로젝트〉는 다른 나라들에서 보던 것 같은 화려한 그래피티와는 전혀 다른 모습이었다. 처음엔 약간의 실망감이 일었지만 다시 생각해보니 보는 이의 마음을 어지럽히지 않으면서도 목조 건물의 어두움과 단조로움을 극복해낸, 제대로 된 작품이라는 생각이 들었다.

뭐니 뭐니 해도 오기지마 골목탐험에서 만난 최고의 선물은 고양이 군단이었다. 세상에서 가장 많은 고양이를 만난 곳이 오기지마였는데 알고 보니 이곳은 '고양이섬'이라는 닉네임이 붙을 정도로 고양이가 많아서 일부러 카메라를 들고 찾아오는 곳이란다. 신사 앞의 나 홀로 고양이, 드럼통 옆에서 곤히 잠든 고양이, 추워서 다닥다닥 붙어 있는 듯 보이는 고양이들이 사람들의 마음을 따스하게 데워주었다.

장석주 작가는 고양이의 미학에 대해 "모든 사물과 나 자신 사이의 적당한 거리두기이며 이것이 인간의 존재 이유를 탐구하는 사람들, 특히 작가들이나 예술가들의 속성과 잘 맞는다"라고 했는데 정말 세상에서 가장 시크한 존재가 고양이인 듯하다.

골목 벽화 프로젝트

고양이섬, 오기지마

일본 최초 국립공원의 자부심
데시마(Teshima)

본격 아트 투어를 위해 나오시마로 들어가기 전 데시마섬을 둘러보았다. 예술작품도 좋지만, 사실 예술에 그다지 깊은 조예가 있지 않은 나로서는 페리 여행이나 섬 자체를 걷는 시간과 힐링의 느낌을 더 즐긴다. 마침 편리한 페리 교통편이 나의 이런 취향을 충족시켜 주었다. 이 여정들은 한국에서 미리 계획하고 간 게 아니라 그곳에서 그때그때 즉각적으로 이루어진 결정이었다.

일본 최초의 국립공원인 세토내해 국립공원 한가운데 위치한 데시마는 온난한 기후와 전답을 적셔줄 천연 용수를 갖춘 풍부한 자연의 섬이다. 완만한 경사면을 지닌 계단식 논밭 너머로 평화로운 세토내해를 바라보는 특권은 오직 이곳에서만 만날 수 있는 혜택이라고 설명되어 있다.

2010년 세토우치 예술제의 첫 무대가 되었다고 하는데, 아마도 데시마 미술관이 이때 개관하였기 때문인 듯하다. 다카마쓰항에서 데시마섬 이에무라항까지는 고속선으로 약 35분 정도 걸렸다. 나오시마의 혼무라항을 경유할 시 50분이 소요된다.

앞의 두 섬과 달리 데시마는 걷기보다 자전거나 버스로 다니는 것이 좋다. 항구에서 내리면 데시마 미술관으로 가는 셔틀버스가 있다. 항구 앞 대여소에서 자전거를 빌려 섬의 이곳저곳과 세토내해를 내려다보며 자전거를 타는 즐거움을 누리는 것도 좋겠다. 많은 젊은이가 자전거로 달리다 서기를 반복하며 여행하고 사진 찍는 모습은 데시마섬의 아름다운 풍광이 되어주었다.

그 자체가 명상
데시마 미술관(Teshima Art Museum)

데시마는 일본 가가와현 나오시마 제도의 하나로 구릉지와 해안을 따라 여섯 개의 마을이 있는 작은 섬이다. 가장 높은 지대가 340미터 정도다. 예로부터 벼농사를 많이 지어온 덕분에 생활이 풍요롭다하여 풍도라고도 불린단다. 여기엔 인간이 만들었으나 자연에 의해 완성된 완벽한 예술을 느낄 수 있는 데시마 미술관이 있다.

셔틀버스를 타고 미술관 입구에 내리니 앞으로는 탁 트인 바다가 펼쳐져 있고, 논과 밭 사이 숲속에 UFO같이 생긴 하얀 건물이 덩그러니 자리 잡고 있는 것이 눈에 들어왔다. 예술가 레이 나이토(Rei Naito)와 건축가 니시자와 류에(Nishizawa Ryue)의 협업 작품인 데시마 미술관이다. 레이 나이토의 예술철학 그대로 물방울, 바람, 빛과 같이 우리를 둘러싼 자연의 조화로움에 이토록 집중하게 만들 수 있는 공간이 또 있을까 싶을 만큼 놀라운 충격과 감동을 안겨주었다.

438

이 미술관은 '하늘을 품은 미술관'이라고 불린다. 이름답게 세토내해를 조망하는 작은 계단식 밭에 위치한 물방울 형태의 콘크리트 셸(곡면) 구조로, 내부에 기둥이 단한 개도 없는 독특한 건축 양식을 보여준다. 바닥에 뚫어 놓은 아주 작은 구멍으로 물방울이 한 방울씩 올라왔다. 바닥은 방수 표면으로 처리되어 있었고, 그 안에서 물방울이 자유자재로 섞이고 흩어지기를 반복했다. 바람과 빛이 쏟아져 들어오는 두 개의 개구부를 통해 자연과 건물이 호응하는 유기적인 공간이 펼쳐지면서 그 속에서 하루 동안 생성된 '샘'이 탄생했다. 때로 빛, 바람, 새의 목소리가 때로는 비, 눈, 벌레가 두 개의 개구부를 통해 들어와 서로 공명하면서 시간이 흐를수록 무한한 변화가 형성되는 것이다.

미술관에 들어가기 전 직원으로부터 신발을 벗을 것, 조용히 할 것, 사진 촬영 절대 금지, 바닥에 물방울이 굴러다니니 밟지 않도록 조심할 것 등의 많은 주의 사항을 들었을 때는 뭐 이렇게 하지 말라는 게 많아, 불평하며 들어섰건만. 데시마 미술관은 한마디로 입이 떡 벌어질 정도로 아름답고 독창적인 공간이었다. 새하얀 공간 속에 가만히 명상하듯 앉아 바람 따라 자유롭게 굴러다니는 물방울을 감상하기도 하고, 하늘을 바라보기도 하고, 눈을 감고 명상하는 듯한 표정의 사람들은 그 자체로 작품과 동화되어 아름다운 풍경이 되고 있었다. 나도 자리를 잡고 조용히 앉아 물방울의 움직임을 따라가 보았다. 그렇게 이 공간에 담담하게 몰입하다 보니 작가가 의도한 바대로 과연 자연과 일체 되는 느낌이 들었다.

사진을 찍을 수 없다는 게 너무 안타까웠다. 그러나 여기저기서 사진 찍는 소리가 들렸다면 그때 그 순간의 느낌이 반감되었을 것 같기도 하다. 아쉬워하며 미술관을 나서는데 미술관을 닮은 건물이 하나 더 있어 들여다보니 기념품 숍을 겸한 카페 레스토랑이었다. 거기서 휴식을 취하고 사진도 찍으며 잔잔한 감동을 다시 한 번 새겼다. 단 한 번이었기에, 소중하게 꼭꼭 간직하려고 새겨놓고 싶었던 놀라운 시간들. 영원히 잊지 못할 것 같다. 내부 사진은 관련 홈페이지 • 사진으로 대신한다.

●   https://benesse-artsite.jp, https://blog.naver.com/kagawalove

공익자본주의의 꿈이 실현된 곳
나오시마(Naoshima)

베네세 홀딩스와 안도 다다오가 만들어낸 '나오시마 아트 프로젝트'는 기적이라 불린다. 시작은 베네세 홀딩스의 전임회장 후쿠타케 소이치로의 다소 몽상가적 발상에서 시작되었다고 한다. 어린이 학습 교재 출판을 기반으로 했던 그는 진정 잘 산다는 것이 무엇일까를 고민한 끝에 노인이 웃으며 살 수 있는 곳이 살기 좋은 곳이라는 결론을 내렸다. 나오시마 거주민의 대부분이 노인이기 때문이다. 우리나라 외딴 지역들이 그렇듯 젊은이들은 모두 떠나고 활기를 찾기 힘든 곳이었으나, 대신 거기엔 조용한 자연이 있었다.

섬 안의 사람들과 섬 밖의 사람들을 어떻게 이을 수 있을까, 하는 고민 끝에 나온 해답이 바로 현대 미술과 건축이었다. 미술과 건축이야말로 한 지역의 고유한 역사와 문화를 끌어안으며 개성을 표현할 수 있는 좋은 방법이라고 여겼던 것이다. 오랜 시간 섬세한 뚝심으로 실현해낸 성과를 보고 있자니, 답답할 정도로 차근차근 완벽하게 일을 해내는 일본이었기에 가능했으리라는 생각을 멈출 수 없었다.

베네세(benesse)는 이탈리아어로 '좋은'을 뜻하는 'bene'와 '존재'를 뜻하는 'see'의 합성어란다. 30년 가까이 섬의 재건에 참여해온 건축가 안도 다다오는 "나오시마를 방문할 때마다 꿈과 비전을 가진 인간이 얼마나 강한 존재인지에 대해 생각하게 된다"고 말했다고 한다. 이 섬의 아름다운 자연을 재생시켜 사람들이 잘 살아갈 수 있는 터전으로 부활시키는 일은, 무모하고 과대망상으로 여겨지던 생각을 실현했다는 점에서 또 다른 의미가 있었다.

지추미술관

지추미술관, 이우환미술관 등 모든 건축물이 일관되게 고려하는 주제는 아름다운 세
토내해의 풍경과 지역 역사성의 부활과 계승이었다. 그래서일까. 이곳의 미술관들은
외관부터 우리가 흔히 보던 것과는 전혀 달랐다. 여기에 미술관이 대체 어디 있다는
거지? 하고 두리번거릴 만큼 밖에서는 거의 보이지 않고 섬 자체로 존재하는 듯 서 있
었다. 그러다 안으로 들어가면 깜짝 놀랄 만큼 드라마틱한 공간이 펼쳐졌다. 미술관

모네의 정원

뿐만 아니라 오가는 길과 주변까지 하나하나 고려한 세심함에 나도 모르는 사이 미술 작품들과 섬, 바다가 하나로 어우러지는 경험을 하게 된다. 지추미술관을 지하에 설계한 이유도 자연광을 최적의 상태에서 활용하기 위해서란다. 그러한 의도대로, '모네의 방'에서는 오직 자연채광만으로 작품을 감상할 수 있었다. 원래 작품이 의도한 자연의 빛을 그대로 느끼는 경험, 이전에도 앞으로도 흔치 않을 것이다.

베네세 하우스(Benesse House)의 하룻밤

보통 숙박에 큰돈을 쓰지 않는 편이지만 필요하다면 무리를 해서라도 시도한다. 살면서 제법 비싼 숙박비를 써본 때 중 하나가 베네세 하우스였다. 당시 가장 저렴한 방이 44만원, 비싼 오발룸은 하룻밤에 120만원이 넘었다. 지나고 생각하니 인생에 한 번쯤 이런 사치를 누려봄직 했다, 싶어진다.

내 여행 철학인 '그곳을 가장 그곳답게 여행하는 법' 중 하나가 나오시마에서는 숙소 베네세 하우스였다. 1992년에 개관한 베네세 하우스는 자연과 예술, 건축과 역사라는 주제로 시작된 나오시마 아트 프로젝트의 첫 번째 작품이다. 호텔이자 미술관으로 안도 다다오가 전체 설계를 담당해서 유명해진 이곳은 언덕 위에 본관이자 미술관인 베네세 하우스 뮤지엄이 있고, 그 위에 오발, 해변의 숙박 시설 파크, 비치로 구성되어 있다. 지상 2층, 지하 1층으로 되어 있으며 30여 명의 작가의 50여 점의 미술품이 로비에서부터 각각의 객실에 이르기까지 전시되어 있어 진품 미술관 속에서 잠드는 호사를 누릴 수 있다.

베네세 하우스 뮤지엄은 전통 미술관의 구조나 동선과 전혀 달랐다. 정식 이름은 베네세 하우스 나오시마 컨템포러리 아트 뮤지엄. 미술관의 구불구불한 긴 통로를 따라 방을 찾아가는 동안 키스해링, 잭슨 폴록, 로이 리히텐슈타인, 백남준 같은 유명 작가의 갤러리가 이어지고 연결된 느낌으로 곳곳에 배치되어 있다. 객실 이용자들이 빛과 공기, 바다와 나무, 바람과 돌을 통해 자연과 예술, 건축의 공생의 조화로움을 그대로 느낄 수 있도록 설계되어 있다.

미술관 레스토랑 '이센'에서 아침을 먹으러 가기 위해 걸어가던 긴 통로에 전시된 테레시타 페르난데스의 ⟨Blind Blue Landscape⟩는 작은 큐빅 거울 조각들을 한쪽 벽면에다 물결무늬로 붙여 놓았다. 아침을 먹으러 가는 길이 마치 바다 속을 걷는 것처럼 싱그러웠다. 빛의 양이나 각도에 따라 음영이 생겨 색이 다르게 보이는데, 혹자는 이 반짝임이 세토내해의 특산물인 은빛 멸치를 연상시킨다고도 한다. 야외 정원의 물줄기는 바다를 향해 흘러가고 밤이면 더욱 투명하게 반짝였다.

쿠사마 야요이 '노란 호박'

한적하다 못해 적막에 가까운 여행이었지만 섬과 섬을 잇는 페리 안에서, 네 개의 섬들이 주었던 자연에 녹아든 작품 속을 거닐며 힐링이되었다. 최고의 환경에서 작품을 감상할 수 있게 만들어놓은 관람 규칙들이 처음엔 얄미울 만큼 불편하고 귀찮았지만, 그것이 결국 최대한 만족스럽게 작품을 감상할 수 있도록 한 장치였음을 깨달은 여행이기도 했다. 무엇보다 미세먼지로부터 해방되어 깨끗한 공기를 마음껏들이켠 행복한 시간이었다. 지추미술관의 모네도 좋았지만 그 아름다움을 완성시켜준 건 미술관을 나와 버스 정류장을 향해 가는 길에 있던 지베르니를 닮은 작은 연못이었다. 두 번 생각해봐도 이번 여행의베스트는 데시마 미술관이었다.

448 어딜 여행하든 샅샅이 뒤지고 다니기보다 느슨하게 나만의 느낌대로,발길 닿는 대로 한두 군데의 포인트만 여유 있게 즐기는 편이다. 삶의모든 여행이 그러하듯 이건 나만의 여행 방식이며 각자 삶의 방식이다르듯 여행법도 저마다 다를 것이다. 먼 훗날 이날들을 어떻게 추억하게 될까, 잠시 생각해본다. 다행히 꽤 좋았던 치유 여행으로 기억될듯하다. 아름다운 하루하루가 축적되고 모여 결국 나라는 사람의 삶이만들어진다는 내 믿음이 맞는다면 말이다.

베네세 하우스 전경

449

Travel Tips

인천–다카마쓰까지 비행기로 1시간 30분이 소요된다. 다른 섬을 거치지 않고 나오시마로 바로 간다면 다카마쓰항에서 페리로 50분 걸린다. 메기지마, 오기지마, 데시마 등 인근 섬들 간 연계도 편리하므로 함께 둘러보기를 권한다.

여행의 무한한 확장성

여행을 다녀오고 나서 얼마 뒤, 부산을 갔다. 처음으로 시티투어 버스를 타고 용궁사와 동백섬 갈맷길을 둘러보고 점심을 먹기 위해 부산시립미술관에 내렸다. 우연히 보게 된 플랜카드. 부산시립미술관 별관에 이우환 작가의 작품을 독점 전시해둔 상설관이 있었다. 야외에도 몇 개의 작품이 있었다. 반가운 마음에 점심을 먹기 전 이곳부터 들어갔다. 배낭을 맡기고 천천히 둘러본 미술관은 잠깐 동안 충분히 고요했던, 힐링의 시간이었다.

나오시마의 확장이랄까. 나오시마에선 자연의 한 가운데 있는 이우환의 작품을 보았다면 부산에서는 빌딩 숲 한 가운데 서 있는 이우환의 작품을 만나는 기쁨을 누렸다. 자연 속에서 만난 이우환이 물 흐르듯 조화로워서 좋았다면, 도심의 빌딩 숲에서 만난 이우환은 오히려 복잡함 속에서 잠시 차분해질 수 있는 시간을 선물해 주어서 좋았다. 만약 그곳 근처 어느 사무실에서 근무한다면 일주일에 몇 번씩은 오게 될 것 같은 그런 명상의 공간이었다.

여행이 주는 기쁨은 이런 것이다. 뜻밖의 만남, 의외의 발견. 세렌디피티! 영화를 보다가, 음악을 듣다가, 전혀 다른 도시를 걷다가, 맞닥뜨리게 되는 무한한 연결들. 그 연결의 기쁨이 여행이다.

트래블 어게인
다시 꿈꾸던 그곳으로

1판 1쇄 발행 2022년 6월 10일

지은이 이화자
펴낸이 정태준
편집장 자현

편집 김라나, 곽한나
디자인 김주연
마케팅 안세정

펴낸곳 책구름 (출판등록 제2019-000021호)
팩스 0303-3440-0429
이메일 bookcloudpub@naver.com
블로그 blog.naver.com/bookcloudpub

ⓒ이화자 2022

ISBN: 979-11-974889-9-3(03980)